Les origines de l'État chinois moderne
by Philip A. Kuhn

Originally published © Éditions de l'École des Hautes Études en Sciences Sociales, 1999
Diffusion: Armand Colin
Chinese translation based on English edition © 2002 by the Board of Trustees of
the Leland Stanford Junior University

All rights reserved

中国现代国家的起源

〔美〕孔飞力 著　陈 兼　陈之宏 译

Origins of the
Modern Chinese
State

孔飞力
Philip A. Kuhn
著作集

生活・讀書・新知 三联书店

Simplified Chinese Copyright © 2013 by SDX Joint Publishing Company.
All Rights Reserved.

本作品中文简体版权由生活·读书·新知三联书店所有。
未经许可，不得翻印。

图书在版编目（CIP）数据

中国现代国家的起源／（美）孔飞力著；陈兼，陈之宏译. —北京：生活·读书·新知三联书店，2013.10 （2025.2 重印）
（孔飞力著作集）
ISBN 978-7-108-04577-5

Ⅰ. ①中… Ⅱ. ①孔… ②陈… ③陈… Ⅲ. ①现代化研究－中国－近现代 Ⅳ. ①K250.7

中国版本图书馆 CIP 数据核字（2013）第 142055 号

责任编辑	曾　诚
封扉设计	蔡立国
责任印制	董　欢
出版发行	**生活·讀書·新知** 三联书店
	（北京市东城区美术馆东街 22 号 100010）
图　字	01-2010-7016
经　销	新华书店
网　址	www.sdxjpc.com
印　刷	北京隆昌伟业印刷有限公司
版　次	2013 年 10 月北京第 1 版
	2025 年 2 月北京第 15 次印刷
开　本	635 毫米 × 965 毫米　1/16　印张 12.5
字　数	148 千字
印　数	92,001-97,000 册
定　价	35.00 元

（印装查询：010-64002715；邮购查询：010-84010542）

In Memory of Benjamin I. Schwartz

追念先师史华慈

目 录

译者导言 .... 陈　兼　陈之宏　1
中文版序言 1

导　论 1

第一章　政治参与、政治竞争和政治控制
　　　　——根本性问题和魏源的思考 27

第二章　从太平天国事变到戊戌变法
　　　　——冯桂芬与历经磨难的变革进程 50

第三章　从耒阳暴乱到农业集体化
　　　　——根本性议程的时代跨越 73

第四章　19-20世纪中国现代国家的演进
　　　　——根本性议程的改造与再改造 103

致　谢 123
译者后记 .... 陈　兼　陈之宏　125
参考书目 127
索　引 136

译者导言

陈兼　陈之宏

一

2011年暮冬的一天,我们做完了《中国现代国家的起源》译稿的最后一次校订,当时竟有一种如释重负的感觉。距离最初想到要翻译这本篇幅并不大的书,居然已过去近十年了！这期间,我们当然还做了许多其他的事情,但这本书的翻译其实一直是在我们的日程上的。想不到此事竟拖延了那么久——尤其是,我们并非懒惰之人。于是感到,应当把这段经历和种种相关的心得体会写下来,便有了下面这篇"译者导言"。

说起来,那已是2002年的事了。当时,陈兼和刘昶合译的《叫魂——1768年中国妖术大恐慌》一书由上海三联书店出版不久,并引起了人们的关注。孔飞力的名字和著述,过去在国内只是少数专治清史的学者才知晓,但自从《叫魂》中译本问世后,越来越为国内各方读者所了解。

在美国和西方的中国史学者中,孔飞力长久以来便被视为"大家",这也是为什么1977年费正清(John K. Fairbank)教授从哈佛大学荣退后,当时四十多岁、正值盛年的孔飞力从任教十多年的芝加哥大学被请回哈佛，接替费正清出任历史暨东亚语言文化研究希根森讲座教授（Francis Lee Higginson Professor of History and East Asian Languages and Civilizations）。在美国和西方中国学界，这是一个属于"旗手"性质的重要职位。然而，孔飞力的历史著述并不以"快"著称，他本人更不属于"著作等身"之辈。他于1978年重回哈佛到2007年退休的三十年间，共出了三本书。第一本，是1990年出版的《叫魂——1768年中国妖术大恐慌》，此时，距他的第一本书《中国帝制晚期的叛乱及其敌对力量》的出版已有二十年了。第二本，即我们现在译为中文的《中国现代国家的起源》。这其实并不是一本专著，而是以孔飞力1994年在法兰西学院所作的系列讲座为基础经修订编辑而成的一本论文集，由法兰西学院魏丕信（Pierre-Étienne Will）教授撰写了长篇前言，于1999年出了法文版；然后，斯坦福大学出版社又于2002年推出了英文版。孔飞力的第三本书，是2008年出版的《生活在他者世界的华人：现代的人口迁徙》（*Chinese Among Others：Emigration in Modern Times*），到目前为止还没有中译本。

孔飞力的历史写作素来以文字精巧和意蕴深邃著称，并继承了乃师史华慈（Benjamin I. Schwartz）的风格，在历史叙事的构建中渗透着深刻的知识及人文关怀（史华慈曾称他将"关于历史的研究同涉及人类意识和思想史运动的深层关怀结合了起来"）。在他回到哈佛后出版的三本书中，《起源》是篇幅最小的一本，但也许是最重要的一本，孔飞力在这本书中所提炼并集中阐述的，是他以自己的基本"问题意识"（problématique）为出发点，多年来从事中国史研究而形成的一些基本看法，以及与此缠绕在一起的他自诩为真正的知识分子（或更为准确地说，真正的"知识精英"）的视野及关于人类命运的忧虑。翻译这样一本书，当然不会是一件容易的事情。

我们接过《起源》一书的翻译,其实并非本来的计划。《叫魂》中译本出版后,陈兼几次说过,再不会接"翻译之类的活"了。但在 2002 年 3 月的美国亚洲学会年会上,孔飞力的一番话改变了陈兼的想法。他在闲谈中提到,除了正在做"海外华人"这个大项目外,他的《起源》一书已在法国出版,英文版也很快将由斯坦福大学出版社推出了。他接着谈到,该书的主题及主要论点涉及到的是中国"现代性"和"现代国家"形成的一些"根本性问题"(当时,他便用了"constitutional"这个词),也可以说,是他关于"中国问题"作为现代世界形成整体过程一部分的思考的一种小结。陈兼听后,居然产生了将这本书也译成中文介绍给国内读者的冲动,而这似乎正中孔氏下怀。于是,那天在纽约希尔顿饭店顶楼俱乐部喝咖啡时的这番谈话,促成了我们翻译《起源》的决定。

后来,我们多次感到,这似乎真的是继翻译《叫魂》后的又一"错误"决定。翻译,常被当作"为他人作嫁衣",是一件吃力不讨好的事情。我们都在美国大学任教,而在每年的个人"学术成果评估"中,翻译——不管翻译的是多么重要的文字,也不管译得多么好(而这是极不容易的)——都不会被视为"原创性"的治学行为。然而,好的译著的产生却是要花心思和下工夫的,也可以说,是要慢慢地"磨"出来的。(据说当年傅雷译书便以每天 500 字为限,以"保证质量"。)这几年,又恰逢我们从弗吉尼亚大学转往康奈尔大学任教,除了平常的教学和研究外,陈兼还承担了极为繁重又牵扯到复杂人事关系的行政工作,实在难有时间用在译书上。于是,翻译此书的事一拖再拖,直到 2009 年我们都从康奈尔大学学术休假、在伦敦经济学院从事研究时,才有了一段可以相对集中用于翻译此书的时间,完成了全书的初译稿。这两年又断断续续地对译稿再做反复修改,才完成了现在这一稿。我们的翻译水平其实并不见得比别人高,只是做这件事时不敢草率行事而已,虽不敢说处处"呕心沥血",但确实是字斟句酌。(对孔飞力的著作,尤其需要如此!)

这些年来,每当陈兼对认识他的美国同事和同行们提起他打算翻译孔飞力这本书时,他们的反应都是"为什么"?哈佛的两位资深教授便曾问过陈兼:"你自己有那么多要紧的事情要做,为什么要把时间放在别人著作的翻译上?"

确实,表面上来看,我们自己的研究兴趣和题目同孔飞力似乎很不相同。多年来,陈兼主要从事国际冷战史、中美关系史和中国对外关系史等方面的研究及教学;陈之宏的博士论文写的是20世纪20年代的中苏关系,在康奈尔大学教的主要是中国近现代历史史料分析及中国商业语言与文化等方面的课程。对我们来说,孔飞力的研究有什么意义?我们为什么要翻译他的著述?这恐怕首先是因为翻译是我们的一种莫名的"嗜好"——陈兼向来的一个习惯,便是对照着中译本读英文原著,并不时做各种各样的批注;陈之宏则早在上世纪80年代末出国前便为中央编译局翻译过不少文献资料,尤其喜欢翻译中那种"咬文嚼字"的过程和感觉。再者,这是因为我们觉得孔飞力在《起源》中提出的看法,对于理解中国现代国家形成的一些基本问题,进一步思考各人从自己的角度构建这些问题时的基本的"知识关怀"以及探究这背后的问题意识,实在是太重要了。尽管我们当下从事的研究项目似乎同孔飞力的著述相去甚远,但从知识和人文关怀的层面来看,尤其是从"后革命"关切的角度来看,我们从自己的研究中得出的意见同他的很多看法有着相通之处。这一点,在翻译《起源》一书时显得尤为明显。

二

回顾起来，孔飞力作为中国近现代历史进程"内在导向"的主要倡导者之一，在以往的著作中把关注重点引向了地方及下层。这在他的《中华帝国晚期的叛乱及其敌对力量》和《叫魂》这两本书中十分清晰地表现出来。在《叛乱及其敌对力量》中，他从民兵组织演变以及地方军事化发展的探讨入手，对于中国帝制晚期农村社会的结构变化作了深入研究，并引导整整一代学者在研究中国近代历史时将目光转向地方层面以及包括下层的社会层面。而在《叫魂》中，他以极为扎实的档案研究为基础，首先从"叫魂"作为社会文化现象在基层的表现入手，讲述了贩夫走卒、乡愚村妇以及四处游走的贫道乞僧等普通平民百姓在叫魂案及其前后的种种经历，将表面上处于"乾隆盛世"的中国社会景象及其背后潜藏的危机情势栩栩如生地呈现给读者。

然而，孔飞力其实并不只是对地方及下层研究感兴趣或认为只有这些方面的研究才重要，他从来未在自己的研究中将"国家"或"全国性问题"当作可有可无的存在；他的著述中贯穿始终的一个题目，便是政治参与、国家对社会的控制以及国家与地方的关系。在《叛乱及其敌对力量》中，他在讨论地方军事化发展及相应的农村基层社会结构变化的同时，也着重分析了国家权力对于下层的渗透和控制以及晚清绅权扩大而引起的国家—社会关系的蜕变。也可以说，"国家"是他要研究的重要对象——只不过他采纳了新的角度。也正因为如此，他才提出了中国帝制晚期的危机所涉及的并非仅仅是"一个王朝的衰落"、更是"一种文明的没落"的重要看法。在孔飞力为《叫魂》所构建的大叙事中，"国家"又是关键性的角色。他将相当的笔墨放在作为国家的人格化体现的君主及各级官员的描述与探讨上；他所试图揭示的，是由皇权及官僚体制之间错综复杂的关系所透露出来的大清帝国政治体制的运作特点和内在矛盾。而在这一切的背后，还有着满族统治者因大一统帝国表述与自身种族意象之间的紧张而挥之不去的"合法性焦虑"。孔飞力确实是中国史研究中将关注点转向地方及下层的倡导者之一，但与此同时，在他的著述中始终渗透着一种将"中国"当作一个具有多样性及多元化的整体来看待的"全国性"视野——正如他在《叫魂》最后一章起始时所言："中国文化是统一的，但不是单一同质的。"

在我们看来，构成孔飞力这一"中国"史观底蕴的，是他的问题意识和相关的知识关怀。作为研究中国历史的学者，孔飞力当然十分注意对于"中国经验"及其特点的发掘和阐述。但在一个更为深入和基本的层面，这其实并不是他研究中国历史时知识关怀的真正归宿之所在；他所关注的，还在于发掘"中国经验"特殊性之中所包涵的同中国自身的历史文化资源及其内在逻辑相通的普世性价值和意义。这不仅蕴含着世界对于中国"现代性"构建的影响问题，也涉及到了中国的经验和经历对于世界范围现代性构建——亦即作为普世性进程的现代性构建——的意义和影响问题。在这一点上，孔飞力和他的老师史华慈极为相似：他们的"问题意识"中有着对于人类命运的关切、忧虑和思索。

在孔飞力的所有著述中，都涉及到了"现代性构建及其后果"这一构成20世纪人类经验及历史走向的中心问题。从《叛乱及其敌对力量》到《叫魂》（也包括他做了多年，但最终没有成书的关于19世纪中叶到20世纪中叶中国地方自治发展的研究），孔飞力以"中国经验"为"实验室"而孜孜探求的一个问题，是作为现代性构建重要环节的各具特征的"现代国家"是如何形成的。或者说，这同他对"现代国家"特质以及"现代性"的界定是有关的。在孔飞力看来，这不仅关系到了中国，也是一个带有普世性意义的问题。他认为，"'现代性'有着多种形式的存在，也有着各种替代性选择"；"不同的国家是可以通过不同的方式走向'现代'的"。这是一种对于西方经验可以垄断"现代性"界定的否定。与此同时，从他的问题意识的逻辑出发，他又认为，任何具有普世性质的问题必定会在所涉及的个案中（不管这些个案具有多大的特殊性）在某一层面以其本身内在的、而不是外部强加的方式被提出来。因此，在现代国家构建的问题上，比之来自外部世界的影响，植根于本土环境及相应的知识资源的"内部动力"要带有更为根本的性质——归根结蒂，外部世界的影响也是要通过这种内部动力而起作用的。正是在这一意义上，他提出，现代性构建的"内部"史观和"外部"史观在方法论上是可以统一起来的。

于是，孔飞力关于现代性构建的上述问题意识，越来越将他引向一些在中国近现代历史发展过程中超越了危机、革命、战争及政权变动而在国家建制的层面一再表现出来的长时段的历史力量和因素。他也相信，中国自身的历史文化资源同包括宪政民主在内的现代性构建必定是相通的，而不可能是全然相悖的，并会在历史演进的各个时期不断表现出来。这为他在《中国现代国家的起源》一书中将"现代国家"形成当作中心论题予以深入探究留下了重要的伏笔。

孔飞力所必须应对的挑战是，他需要说明，深植于中国历史文化之中并与现代性并不相悖的种种知识资源，是在怎样的历史环境下，通过怎样的具体历史途径，或者说，经过何种人的努力或作为，而导致了向着现代性以及具有中国特质的"现代国家"渐次转变的具体历史进程的？这是否能够在经验事实和相关历史叙述的层面获得说明?

1994年,魏丕信教授邀请孔飞力到法兰西学院发表系列演讲,这为他提供了机会,促使他清理自己的思路,把自己关于中国现代国家形成的一些大想法及其与现代性构建关系的一般性思考整理出来并作较为系统的表述。

在集中探讨中国现代国家形成的问题时,孔飞力将讨论的重点集中到关系到"现代国家"形成的"根本性问题"及与之相关联的"根本性议程"或"建制议程"上来。在这里,他使用了constitutional这个词——在演讲中,孔飞力开宗明义便提出,自己所要讨论的,是关于中国现代国家形成的"constitutional question"以及相关的"constitutional agenda"。孔飞力对此的定义是:"所谓'根本性'问题,指的是当时人们关于为公共生活带来合法性秩序的种种考虑;所谓'议程',指的是人们在行动中把握这些考虑的意愿。"

这就使得我们遇到了如何翻译constitutional这一基本词语的问题。对此,我们颇费踌躇。一种简单的做法,是将"constitutional question"和"constitutional agenda"这两个概念译为"宪政问题"和"宪政议程"。如果从constitutional这一词语的起源及其演变及使用来看,它确实同"宪法"及"宪政"有关,并以之为核心;实际上,孔飞力在一系列著作的写作中,也确实有很多时候是直接从这个意义上使用这一概念的。(例如,他在陈兼曾任主编的《中国历史学家》发表的一篇题为"政治参与和中国宪法:西方所起的作用"的论文中[1],便完全是在"宪政"的意义上使用constitution这个词语和概念的。)

---

[1] Philip A. Kuhn, "Political Participation and the Chinese Constitution: The Role of the West," *Chinese Historians*, Vol. 5, No. 2 (Fall 1992), pp. 1–6.

然而，在《起源》一书中，孔飞力对于这一概念和词语的使用，既同宪政民主或宪法有密切关系，但又有着比中文语境及历史环境中"宪政"一词的使用更为深广的建制层面的涵义。如果简单地将 constitutional 译为"宪政的"，或将"constitutional agenda"译为"宪政议程"，那就会在多处偏离孔飞力的本意和使用这一概念时的情景及书中相关论述的语境，也忽略了孔飞力试图深入讨论并阐发的具体历史进程的特征。事实上，若将 constitutional 径直译为"宪政"，在孔飞力的书中会有很多时候是读不通的。例如，若将魏源的著述译为具有"宪政"上的考虑和意义，便是极为牵强附会的，甚至会产生偏离孔氏原意的误读或误导的作用。经反复推敲之后，我们决定根据书中讨论的具体语境，将这两个基本词语分别译为"根本性问题"和"根本性议程"或"建制议程"[2]。至于这一译法是否妥当，以及是否还有更好的译法，是我们想向读者诸君请教的地方。

孔飞力在书的开首还明确提出，他所要讨论的现代国家在中国的构建，以及与之相关的"根本性问题"的提出和"根本性议程"/"建制议程"的设定，是一种"中国的"过程。用他自己的话来说，那就是，"从本质上来看，中国现代国家的特征是由其内部的历史演变所决定的"。

---

[2] 我们在翻译本书时，曾将书中出现 constitutional agenda 之处，全部译为"根本性议程"。后来，许纪霖兄在阅读译稿时提出，国内学界在涉及 constitution 和 constitutional 的转译时，已常常使用"建制"一词；而"所谓'建制'，乃是相对于'价值'而言，一套文明体系，有'价值'也有'建制'，方构成完整的从形而上到制度性的建构。'建制'在中文语境之中，乃是一套中性的制度化设置"。我们觉得，纪霖兄所言极有道理。在 constitutional question 译为"根本性问题"的前提下，用"建制"一词翻译 constitutional agenda 有时更为贴切并能说明问题。我们因而对全书译文做了相应的修订。在此，谨向纪霖兄致谢。

那么，何为"中国"或"中国的"？孔飞力在书中并未进行展开性的讨论。他的论述重点，并非现代中国是如何形成的，而是现代国家是如何在中国形成的。因此，我们将书名译为"中国现代国家的起源"，而不是"现代中国的起源"——尽管后一书名似乎更为简明，也更容易引起读者的注意。在孔飞力的历史叙事和论证中，中国作为历史、文化、土地、人民和国家等等，似乎已是一种具有延续性的、不言自明的存在，因而是可以当作一种"政治实体"直接作为"现代国家"形成的讨论前提来对待的。（在这一关键点上，中国的情况和"民族国家"形成完全是一种现代现象的欧洲及世界其他地区是很不相同的。）孔飞力在这本书中没有太多涉及他在《叫魂》中曾深入讨论过的"汉化"以及乾隆作为"中国"统治者的"合法性焦虑"问题。同时，我们也注意到，在这本书（以及孔飞力的其他著作）中，他几乎从来没有讨论过"中国"作为多民族现代国家的形成、塑造及再塑造的相关问题。在这本关于中国现代国家形成的专论中，孔飞力也基本上没有涉及到人们在论及现代中国的形成时一般会讨论的清代对"中国"的改造、从朝贡体制到条约体系的嬗变、中外国家关系、领土性问题、边疆问题、现代民族主义的兴起等题目。

鉴于孔飞力所讨论的现代国家在中国的形成是一个大问题，我们从自己的知识关怀及研究中外关系史的专业角度出发，当然会觉得像孔飞力这样一位大家未能围绕着"中国"及其认同从前现代到现代的演变进行展开性的讨论是一种缺憾。说到底，尽管《起源》一书的论述重点在于"现代国家"的形成，但毕竟"中国"及其认同是其中处处会涉及到的一个基本的"变量"。"中国"如何变动，同"现代国家"在中国如何形成，是有着紧密交错并相互影响的内在联系的。

然而，我们也意识到，这其实正是孔飞力本人知识关怀及学术兴趣所在的又一反映。如果将对于现代"中国"及其形成演变的讨论也包括进来，那就会产生完全不同的另一本书了。孔飞力将讨论的重点放在"现代国家"在中国的形成、而不是放在现代"中国"的形成上，不仅因为这同他本人先前的一系列研究有着延续性，更要紧的是，从问题意识的角度来看，对他来说更有意义的是以中国经验为个案，来验证他关于现代性构建的一些涉及普世性意义的思索——而在我们看来，这确实是一些极为重要并耐人寻味的思索，并足以使这本书引起对于中国和人类命运有着任何意义上的关切的人们的重视。

三

何为"现代国家"？它在中国又是如何形成的？这是孔飞力在本书中要着重讨论的中心问题。如前所述，他认为现代国家的形成有着多种可能的路径，其形式和构成有不同的特征，对此的探讨也没有一定之规。他在探究中国现代国家形成时所选择的，是从"根本性"问题或议程入手的方法，提出了一些极为精辟的看法，同时也留下了诸多进一步追问的空间和可能性（而这正是一本好书应有的特征）。

孔飞力以政治参与、政治竞争、政治控制为主轴，将中国现代国家形成及发展的建制议程归结为三组相互关联的问题或矛盾：第一，政治参与的扩展与国家权力及其合法性的加强之间的矛盾；第二，政治竞争的展开与公共利益的维护和加强之间的矛盾；第三，国家的财政汲取能力同地方社会财政需求之间的矛盾。对于这三组问题或矛盾的选择，同孔本人先前对于中国帝制晚期历史的一系列研究有关。他在本书中就这些问题所展开的讨论，不仅是对自己先前研究的总结，在某种意义上，也是对自己在这些问题上思考的进一步升华和澄清。这三组问题并非始于清代，而是历朝历代都要面对的，但却跨越了朝代鼎革之大变一直存在到帝制晚期，并在帝制崩溃后继续成为20世纪中国现代国家构建时的基本问题。近世以来，知识精英关于这些问题的思考首先是从中国本身的历史文化资源出发的，并同外来的知识之影响形成合流，又反过来丰富了中国的历史文化资源。也就是在这一过程中，这些问题在伴随着时势演变而来的语境嬗变的背景下获得了"现代"的性质。进入19世纪后，尽管人们的思考受到了来自西方的影响，但无论是问题提出本身或是构成人们对问题回答底蕴的基本文化资源，却仍然可以从中国传统自身找到其根源和发展的基本线索。

在讨论问题何以具有"根本性质"、又何以会成为中国走向"现代国家"的逻辑入口时，孔飞力表现出了对于被他称之为"18世纪90年代危机"的特别重视。在他看来，从乾隆到嘉庆转换的这十年间，是中国历史由前现代向现代演变的重要转折点。危机有着内外两方面的根源。其直接诱因是乾隆盛世的环境和条件。18世纪下半叶，中国的人口几乎翻了一番，经济规模也空前扩大。这一现象的出现不仅同长期的和平环境分不开，更是由于中国同世界其他部分经济交往的加强和深化。玉米、甜薯、花生、烟草等由美洲引进的新作物适于在坡地上生长，在扩大农耕范围和规模的同时也改变了延续千年的中国农业生产结构，从而为人口空前增加创造了在整个帝制历史上从未曾有过的新条件。与此同时，中国与世界其他地区贸易的扩大又带来丝绸、茶叶和瓷器等出口的大量增加，并使得国外商人用作支付手段的白银和铜钱也大量流入中国，从而满足了中国由于经济规模扩大、就业人数空前增加而产生的货币供应量大增的需求，也转而成为人口增长的新动力。如果没有这种同"世界"的联结,则贯穿乾隆盛世的人口大增、农业结构性变化以及包括商业急剧扩张在内的经济规模的空前扩大,等等,都是难以想象的。

然而,这却是中国帝制时代的"最后的盛世"。正如孔飞力在《叫魂》一书中便曾指出、在本书中又再次强调的那样,在乾隆盛世繁华表象的背后,沉积于深层的各种问题正渐次浮现出来:君主由老迈而变得日益昏庸,政府的功能和效率严重蜕化,从上到下腐败丛生,积聚于社会的不安定因素成为民变与叛乱的温床,等等。从表面上来看,乾隆末年从中央到地方的各个层面所出现的危机现象,似乎同历史上王朝后期屡见不鲜的类似的衰败情景并无太大差别。然而,造成 18 世纪 90 年代危机的历史场景——尤其是其中所包涵的中国与世界其他部分内在联系加强的深层次因素——却是千年帝制时代所不曾有过的,因而超越了大清帝国国家机制和资源以及相关统治及危机处理手段的能力之所及,而将整个国家与社会推向灾难局势的临爆点。或如孔氏所言,由此而揭示的,"其实是一种制度——一种已经无法同自身政治使命和任务相契合的制度——的没落"。由此而触及到的不仅是大清王朝本身的统治机制,而且是中国整个帝制制度及前现代国家的"国本"之所在。但历史的吊诡之处在于,正是由于危机根源所包含的超越中国帝制时代的性质,这又成为中国走向现代国家的历史起始点。

在关于中国国家由"传统"走向"现代"的嬗变起始及其思想资源的探索中,孔飞力的讨论集中于被他称为"文人中流"的政治及文化精英所起的作用。这种做法本身,其实也是孔飞力对于包括他本人在内的"真正的知识分子"所应负使命的理解的一种反映。在这一点上,孔飞力和乃师史华慈是极为相像的:他们都有着一种对于知识精英"先驱"作用的深刻信仰,这既是他们关于历史动力的一种基本理解,也是他们对于自己的身份以及所应当起到的历史作用的一种想象，他们身上都有着一种根深蒂固的身为"知识精英"的使命感（但这又与权力和名利全然不相干，也不意味着他们对自身局限性和可堕失性的无视），并以此作为自己的行动指南。这恐怕也是为什么史氏对于孔飞力如此欣赏、而孔飞力又从来便对史氏持弟子礼的道理之所在。在史华慈于自己学术生涯晚期写成的《中国古代的思想世界》这一巨著中，一再表现出了对于先秦诸"先学"（learned vanguard）、"先哲"（the vanguard of those who know）和"先贤"（the vanguard of society）的高度重视，并认为正是他们界定了构成中国思想文化传统底蕴的一系列基本范畴和问题。从某种意义上来说，他们是史华慈和孔飞力关于自己所要获得的"真正的知识分子"身份的楷模；对于史、孔来说，不管从事何种研究，最终的问题意识应当"涉及人类意识和思想史运动的深层关怀"。这是他们关于自身知识关怀定位的愿景。

在本书关于19世纪知识精英的讨论中，孔飞力将目光锁定在魏源、冯桂芬和戊戌变法前后一系列为人们所熟悉或不那么熟悉的人物身上。孔飞力之所以重视魏源，并不在于中外学界一般所关注的他通过编撰《海国图志》等而对中西知识所起到的连接作用，而是因为他的思考在"传统"走向"现代"时的承上启下作用。魏源所处的时代，18世纪90年代危机早已发酵膨胀，大清帝国经历了鸦片战争之败后进入了西方国家主导的"条约体系"，其天命所归的正统性遭遇了空前严重的挑战。魏源所提出的危机应对之道，固然也涉及到了诸如改善盐政、漕运之类的"政治变化的具体计划"，但并未拘泥于其中，而是在自觉与不自觉之间涉及到了同"现代国家"产生有着内在联系的"根本性问题"。用孔飞力的话来说，魏源具有一种"全国性视野"；他"既能够将自己所属社会群体的经验和抱负上升到一般性的层面，又能够赋予他自己特定的世界观以普世性的意义"。

孔飞力关于魏源的讨论集中于两点。第一，他认为魏源的危机应对思考以处理国家所面临财政汲取的困境为切入点，涉及到了扩大"政治参与"的问题。在中国千年帝制时代，一直存在着文人阶层庞大、而官僚队伍却相对狭小的矛盾，绝大多数文人终其一生亦进入不了为官之列。魏源则意识到，要应对危机，关键在于要使得更多的文人投入到政治生活中来，使得他们由政治权力的"局外人"转变为"局内人"。鉴于中国文人从来便有着"以天下为己任"的理想与抱负，而在官场内外的文人们虽有着政治权力上的差异，却存在文化与社会身份上的事实平等，因此这种"政治参与"的扩大是可以做到的。

第二，在魏源的思考中处于中心地位的，还有促进"政治竞争"的问题，他主张应从广开言路开始，允许并鼓励文人中不同政治意见之间的讨论乃至争论，并使得他们跳出科举考试的本本说教而培养起一种务实及孜孜探究的政治风格和行为，而不是"空言王道"。然而，要将这些看法付诸实施，魏源面临着中国历史上已经被搞臭了的党争现象，因而需要使文人中流们从心目中挥之不去的党争阴影中走出来，从而以一种富有责任感和使命感的态度投身到政治讨论和竞争中去。

从表面上看，魏源"文人问政"思想和设计的要旨在于扩大文人中流问政参政的范围，基本上没有涉及现代意义上的"政治参与"所包涵的全民政治参与并以此产生权力制衡的政治机制的内容（他并且认为，"下士"是没有资格问政的）。那么，为何在孔飞力看来，这种扩大文人问政范围及途径的想法同"现代国家"构建是相通的？关键在于，在一个国家与社会都处于大变动的时代，真知灼见不可能只为权势力量所垄断，广开言路不仅是一切真正的历史进步的起始点，也是任何形式的政治"合法性"获取的必要条件。只有通过这一过程，才可能形成具有深层次合法性的关于社会进步及现代性构建的共识，甚至打开通向"公民社会"的一扇门户。在这里，不禁令我们想起了与魏源同时代的龚自珍的警世名言："万马齐喑究可哀。"

既出于对"党争"的顾虑、更出于一种自己同国家及体制本为一体的认同感，魏源关于政治参与和竞争的设想从一开始便以这将使得国家和体制获得改善和加强为前提和目标。他一再强调，更为广泛的政治参与以及不同政治意见之间的争论，不仅不会造成国家权力（包括中央集权的国家力量与功能）的削弱，反而有助于产生"一个更有活力、也更为强大的中央集权国家——一个能够更为有效地处理各种内忧外患的国家"。归根结蒂，政治参与的扩大不是一个关乎正义的问题，而是一个"有助于国家有效性的加强"的问题。与此相关，"威权政治非但不应当受到削弱，反而应当得到加强"。但鉴于政治参与的前提是广开言路，则其要旨显然又不应局限于国家权力的加强，而更应着眼于国家合法性的加强。说到底，即便是威权政治也是需要强力以外的合法性的支撑的。

那么，魏源的思考主要以何种知识资源为底蕴？孔飞力所强调的是他的思想资源的本土性质。他不太看重魏源写了对于"域外世界"作系统介绍的《海国图志》，并认为魏源的思考受到西方思想的影响其实是"微乎其微"。为了说明魏源变革思想的根源及其在当时条件下的合法性之所在，孔飞力集中讨论了魏源以自己饱读经书的名儒的身份，发扬"今文"学派继周损益以求制度创新之传统，通过对《诗经》的重新解读而为自己具有革新意义的政治主张提供历史正当性的支持。（孔飞力因而提出，《诗经》提供了"构成我们必须称之为'根本性'问题讨论的素材"。）对于《诗经》中"呦呦鹿鸣"之名句，通常均读为君臣相谐之意，而魏源则指称，这其实强调的是鹿与鹿之间的交流，并从这里引申开去，论及"得多士之心"和"民心有不景从者乎"之间的因果关系。（这就是合法性问题！）由此而生成的，则是唤起人们对于"什么是公共生活的合法边界"这一"根本性问题"的觉悟。

魏源并不是现代意义上的宪政主义者或民主主义者。他的"广泛参政"建议只适用于文人中流，连"下士"之辈亦未包括在内，更遑论普通平民百姓了。他没有试图就政治权力的本原问题发问并得出相应的回答，更没有到涉及到权力制衡及相关的制度建设的问题。即便如此，孔飞力所看重的是，尽管通向宪政国家和公民社会并非魏源的目的，但他的论述却从道理上来说为这种建制层面的发展及其合法性的获取提供了某种可能性。但与此同时，关于政治参与旨在国家权力加强的目的论是否也从一开始便埋下了中国现代国家建构进程后来"政治控制"压倒"政治参与"和"政治竞争"的伏笔？

在孔飞力笔下，魏源在"建制议程"思考上的继承者和超越者是冯桂芬。他们之间有着大约半代人的间隔，但两人所面临的环境和情势的变化却是巨大的。在魏源的时代还只有征兆、或者还只是刚刚露头的危机情势，到了冯桂芬时已经成为不断扩大并深化的危机的现实。孔飞力强调了魏源和冯桂芬在思想上和"基本关怀"上的相通之处，以及冯桂芬在更为广泛的文人问政思想上对于魏源的继承关系。同魏源一样，冯桂芬的出发点是所有文人在文化意义上的身份平等为他们提供了参政的合法性，他也具有一种"全国性视野"，并同样将扩大文人参政视为应对危机并使得"国家活力增强"的路径。然而，冯桂芬的思考还在一系列方面超越了魏源。尤其是，他提出了某种在孔飞力看来属于乡村"自治"先声的主张，并突破了魏源关于参政仅止于文人中流的界限而将乡村绅民等也作为政治参与的对象包括进来。同时，他在扩大参与的问题上比魏源向前跨了一大步。除广开言路外，他还主张以"千百人之公论"为尺度以及"得举多少为先后"来选拔官员，从而将政治参与进一步发展成为某种平权"选举"的设计，而在他看来，这是使得公共利益得到维护的更好途径。孔飞力指出，除本土知识资源外，尽管冯桂芬并不承认，但以"得举多少"任命官员的做法透露出他关于扩大政治参与的思考受到了西方思想的影响。

此处，孔飞力笔锋一转，以美国共和制度形成时期一桩著名事件——《联邦党人文集》系列论文的发表——作为背景，就冯桂芬关于"公共利益"的思考及相关政治设计同美国立国初年联邦党人对同一问题的辩论做了比较讨论，而由此透露出来的，恐怕是孔飞力本人的一些深层次关切。具有合法性的公共利益是否存在？它同现代国家的构建又有何种关系？它对国家与地方社会利益之间合法性边界的界定又会产生怎样的影响？孔飞力关于这些问题的讨论，是从他关于"公共利益"在当代美国政治生活中实际上已被"妖魔化"而被认作"一种怪诞的概念"开始的，但他随即明示，公共利益的存在本身在美国立国之初从未受到人们的质疑，相关的辩论是围绕着公共利益在政府实践中应如何得到实现、以及在公共利益和不同的私人利益之间应如何达成妥协而展开的。因此，孔飞力显然认为，关于公共利益及其实现的界定，从来便是现代国家机制形成的题中应有之义，而对美国这样一个幅员辽阔又具有多样性的国家来说，尤其是如此（而由此可以引申出来的——尽管他并未明言——则是他对于当下即便身为自由主义者也不敢或不能为公共利益大声辩护而感到的困惑和失望）。同时，孔飞力又论及了冯桂芬的思考之所以具有"根本性质"的另一层意思：在中国这样一个同样具有多样性的国家，由前现代向现代的过渡乃至现代国家机制的建设都不能不以保持并加强中央政府的权威和能力为目标,但同时为维护公共利益所需的"德行"又是在"地方性环境里得到最好的彰显"。于是,如何处理中央政府和地方及基层社区之间的权利分配关系,便成为现代国家构建所面临的中心挑战之一。在这里,简单的解决方案是没有的。孔飞力因而提出,在没有更好的替代性办法的情况下,"由正常的官僚机构实行威权式领导似乎便是完全合理的了"。这正是后来中国现代国家构建实际上走过的路。

所有这一切,亦是晚清大变动时期清廷官员们对于冯桂芬所提建议的回应。孔飞力在书中以相当的篇幅讨论了戊戌变法时清廷及有关官员对于危机的反应以及相关对策,并将注意力放在官员们遵照具有改革意向的光绪皇帝的诏谕对冯桂芬《校邠庐抗议》的评读上。孔飞力所集中讨论的,是不为一般人所熟悉的陈鼎的反应。此人可谓奇人。从一般意义上,不能说他"思想保守"或缺乏"开放心态"。为了应对来自洋人的挑战,他甚至提出了通过鼓励中国女子与西人通婚而"获取资讯"的建议。然而,在关系大清国乃至整个帝制制度"根本"之所在的一系列基本问题上,他则对冯桂芬关于由下层官员推举任命官员等建议完全持嗤之以鼻的态度,视之为地地道道的旁门邪说。陈鼎的京官同僚们大概也会觉得他关于"中西通婚"的想法荒谬绝伦,但在推举任命官员的问题上,他们却同陈鼎如出一辙,对冯的主张持全盘否定的态度。

孔飞力做如此分析的用意在于说明,来自于清统治阶层及政治文化精英们对于冯桂芬"选举"建议的负面反应,若从帝制时代官僚科层体制的角度来说,并不是"非常态",而是一种"常态";官员们是从一种基于"常规"和"传统"的立场来看待他们所面临的这一问题的。而其意义,恰恰也正在这里——因为,只有这样,才能超越危机时期特殊事变的影响,更真切地体察到在此类涉及"根本性问题"的讨论中深深植根于人们反应之中的历史文化因素的作用。

从魏源到冯桂芬、再到戊戌变法时期的陈鼎及其他人,几代中国知识精英关于"政治参与"的思考受到了他们所赖以为思想之本的中国历史文化资源的限制,他们因而从未试图就政治权力的本原以及与之相关的权力合法性根基的问题发问,更未涉及到制度设计中的权力制衡问题。他们的用意,在于使得处于空前危机之中的国家适应于现代条件的挑战,从而使国家能够生存下来,并更为有效地运作。他们并不试图在权力本原及其与国家关系这一"现代问题"上寻求答案。即便如此,他们的思考却在自觉与不自觉之间提出了以"广开言路"为出发点探索政治参与及政治竞争之道,并使之与政治控制形成协调等触及现代国家"建制议程"的"根本性问题"。这里所涉及的,正是"现代国家"的最终合法性之所在。

这些看法付诸实施时所要面对的,是历史本身的发展,以及在此过程中走上前台并占据了主导性地位的实际的历史力量。在魏、冯乃至戊戌变法时代的知识精英的思考中,政治参与、竞争和控制这三组问题在"建制议程"中还有着并存的空间。然而,这一点在进入 20 世纪后开始发生变化。占据了舞台中心的是以"救亡"为主要诉求的民族主义思潮和运动以及与之相呼应的以"改天换地"为目标的历次革命(尤其是提出了以人的"解放"为最终目标的共产党革命)。魏源、冯桂芬以及陈鼎和他的同僚们很快便被历史的潮流席卷而过。但是,正如孔飞力在本书中着力加以叙述的那样,他们的思考中有关现代国家形成的"建制议程"的那部分,却并没有被历史潮流全然卷去,而是将以经过历史洗炼的新形式一再顽强地表现出来。

四

　　本书第一、二章的讨论集中于 19 世纪"文人中流"关于"根本性问题"及应对之道的思考。但第三章却出现了论述上的一个"大跳跃",重点转移到了毛泽东时代的农业集体化问题。这在孔飞力似乎是一项非同寻常之举。若与孔氏本人先前的著述相比较,本书的一个突出特点在于其论述跨越了 1911 年和 1949 年这两个在 20 世纪中国历史发展中(也是在整个中国近现代历史发展中)被认为具有标志性意义的"分界线"。孔飞力先前的著作虽曾论及中国共产党革命,但一般只是从同帝制晚期比较的角度着眼;例如,在《叛乱及其敌对力量》一书中,他在对帝制晚期中国民兵组织探讨的基础之上,进一步讨论了民国时期的民兵问题,以及在共产党领导下产生的民兵及其他准军事组织。在以往的历史论著中,他从来没有直接涉及 1949 年之后中华人民共和国历史的讨论。而在本书中,他将讨论从晚清延伸到了民国时期,又延伸到了 1949 年之后,并以相当篇幅探讨了上世纪 50 年代农业集体化对于中国农村社会以及国家—社会关系的改造。他甚至还论及了中国于 70 年代末进入改革开放时期后农业及农村社会所受影响以及相应的国家与社会关系变化及其涵义。

　　其实,如果从孔飞力本人的学术写作发展脉络来看,本书中出现这样的情况就不足为奇了。在完成《中国帝制晚期的叛乱及其敌对力量》后,孔飞力曾在十多年的时间里一直研究从帝制晚期到民国时期国家对乡村社会的控制以及地方自治的问题。他在这方面的探讨虽然没有成书,但却发表了多篇论文并形成了一系列重要的看法。其中最为主要的看法之一,便是作为 19 至 20 世纪中国历史实际演进的结果,国家在同地方势力争夺税收与财政收入的控制权的对峙中,不断"挤走"夹在国家与纳税农民之间的种种中介力量,与此同时,中央集权国家的威权和力量也不断得到加强。在他看来,人民共和国时期的统购统销政策的推行以及农业集体化运动的推进,标志着近世以来国家为有效地控制地方财政资源所做努力的压倒性胜利,由此而所写就的,则是"一个关于中央集权的国家不屈不挠地向前迈进的故事"的最新篇章。

正因为如此,我们便不难理解,为什么孔飞力对于人民共和国时期农业改造问题的探讨,却是从19世纪40年代发生于湖南耒阳的一桩抗税事件开始的。从事件的来龙去脉来看,这是一段中国历史上屡见不鲜的官逼民反的故事。但卷入造反的固然是当地百姓,造反的组织者却是应当被称之为地方精英的乡绅豪强。这段故事何以会同毛泽东时代国家对农村及农业的改造有关?孔飞力指出,其联结点恰恰在于从国家财政汲取以及对于社会控制的角度(这也是孔飞力认为"现代国家"所应有的重要的标志)来看,尽管耒阳暴乱和农业集体化有着时代和内容上的诸多区别,但两者从根本上来看都是由种种中介势力企图在地方税收中分一杯羹、国家又试图直接控制农村的财政收入资源而决定的。这就是这两个事件之间所存在的内在联系,也构成了在中国"现代国家"形成过程中具有跨越时代的意义、任何一个政权都必须面对并解决的"根本性问题"。

孔飞力之所以如此看待这一问题,其背后恐怕又有着他本人的一种关切,而这中间应有着英国历史上"现代国家"形成中所面临的"建制议程"的影响。孔飞力出生于伦敦,在哈佛大学的学士论文做的是关于伊丽莎白女王一世的研究,后来还曾在伦敦大学亚非学院学习。当他构建现代国家在中国形成的叙事时,英国的相关经历和经验很难不成为他的"参照案例"。

而在英国现代国家宪政结构的形成过程中，始终处于其"议程"显著地位的，恰恰是王室与纳税民众之间不断在税收收入及其分配问题上的斗争及"谈判"，引出了在权利和义务上的一系列基本的妥协及解决方案。孔飞力因而在书中强调，现代国家的形成固然往往与宪法的制定有关，但在很多情况下（他在此用的就是英国的例子），现代国家的宪政框架又是通过包括普遍被接受的共识在内的未成文宪法而建立起来的。现代国家的构建不仅是包括成文宪法在内的法规文本的制定，更在于政治态度乃至相应的生活方式的转变。他的潜台词是，英国可以如此，中国又为何不能如此？

若以孔飞力所设定的现代国家形成的"建制议程"为对照，则集体化所体现的是政治控制在这一议程的演进中独占鳌头的景象：它从根本上摧毁了长期以来便处于国家与农村基层社会及作为纳税人的农民之间的"中介力量"，在完成了中央集权国家对于农村基层社会全面控制的同时，至少从当时来看也解决了国家从农村的财政汲取问题，从而使得国家宏大的工业化计划得以全面推行。这是一个在中国历史上从未有过的"强势国家"。与此同时，言路关闭，知识分子沦为九流之末，政治参与和政治竞争这两个本属"建制议程"应有之义的题目在实际生活中却消失了。

整个社会及普通人为此付出的代价是巨大的。在书中，孔飞力对于人民公社化及大跃进后发生的大饥荒，或许由于并非本书的讨论重点，只有一段概括性的叙述而没有再作深入及展开性的讨论。（但这却是一个后毛泽东时代不能回避并必须在学理以及现实政治/生活这两方面均须予以直面的问题。）他随后论及了上世纪60年代农村政策的一系列调整，尤其是把乡村行政机构和农村经济生活区分开来的做法。即便经历文化大革命期间的曲折（这应该指的是全面"政社合一"的尝试）

之后，这种做法到 70 年代后随着改革开放的推行又重新成为国家对农村政策的主流，但与此同时，"国家对于农村社会的渗透仍然存在了下来"。换言之，农业集体化不仅在当时满足了国家"对农村实行更为有力的汲取"的需要，也为毛泽东时代及其后中国"现代国家"强有力的政治控制机制和能力奠定了涵盖并超越"革命时代"的基础。

这种情况何以会出现？中央集权的国家何以能够在同"中介力量"以及地方自治现象的对抗中最终完全压倒对手而占据上风？在历史的实际演变中，原本包括政治参与、政治竞争和政治控制的现代国家建制议程何以竟出现了前两种特征被压倒、排斥的结果？这样一个有着高度中央集权并在诸多方面失去制衡的特质的现代国家又是如何形成的？很显然，农业集体化的实施以及"统购统销"政策的推行其实只是最后一步（尽管是至关重要的一步）。对上述问题，孔飞力在书中各处均有涉及，但没有作系统的展开性的讨论。在此，我们不妨以他的讨论为基础，进一步梳理出一些头绪来。若从孔本人在书中所揭示的中国现代国家所由以产生的历史知识根源以及"文人中流/知识精英"在讨论"根本性问题"时对此的阐发来看，在政治参与、政治竞争以及政治控制这三个涉及建制的"根本性问题"中，从魏源开始的文人中流们所最为重视、并用来为政治参与和竞争辩护的，便是这最终将能够"苟利国家"，使得国家的职能机制和行政及其他能力获得基本的改善和加强。于是，就其由知识资源所界定的行为的内在逻辑而言，中央集权国家的加强便成为任何关于"现代国家"的建制议程必须予以追求的目标。

然而，即便某种计划及设想曾有过传统知识资源的支撑，历史的实际发展却不会是只存在着一种可能结局的宿命。曾经在耒阳动乱中与国家的对抗中一败涂地的地方绅民势力，到了太平天国运动期间及之后却开始登堂入室,在国家与社会的关系处置中日益获得了自己的合法性地位。清末民初以降,社区本位的思想和地方自治的实践更崛起并发展为一种强有力的趋势,并同建立强势国家的努力形成了某种对峙之势。但这一切为何却未能与政治参与和政治竞争的"根本性问题"结合起来,在现代国家构建中形成对于政治权势力量的制度上的制衡因素?

孔氏的直接回答是,在"中国作为一个统一国家而进入现代"这一"显而易见的事实"背后,有着"中国人对于统一的压倒一切的向往"。戊戌变法期间陈鼎及其他一干京官等"文人中流"对于冯桂芬的激烈批驳仍余音绕梁之时,历史的发展却已将他们(甚至也包括冯桂芬及其主张)抛到一旁去了。在国家和民族存亡攸关的空前危机情势下,以"救亡"为中心的民族主义诉求崛起为政治议程的重中之重,一时间,"中国人不论地位高低,国家都是他们的共同财产"的观念,也取代了"文人身份",而为更为广泛意义上的政治参与打开了大门。然而,历史实际发展的力量强过了这种"逻辑上的可能性"。就他们同政治行为主流的关系而言,康有为、梁启超(乃至章炳麟等)都难以在中国政治舞台上长久占据中心地位;重新解读诗书而得出的"改制"及"大同"的新论,只是为形形色色通过激进手段在最短时间内完成政治、社会乃至与文化及人心改造的革命论辩做了铺垫,并以自己的失败为涵盖20世纪上半叶中国历史的"革命时代"的到来准备了条件。在这个过程中,较之"民主"的语言,"民族"及"爱国"的呐喊具有更为巨大的群众性动员效应。于是,政治参与被政治动员所取代(其实,群众性的政治动员又何尝不是一种被动员者的"政治参与",只是这一过程在本质上是由动员者来界定和主导的);政治竞争让位于你死我活、在"我者"和"他者"之间不留下任何妥协余地的血腥的恐怖和内战;最终,政治控制以"革命"的名义成为政治及社会生活的主旋律,并伴随着革命所创立的新政权的诞生而成为中国现代国家的一个主要特质。

在本书中,孔飞力没有就"1949年的意义"这一在中国及世界近世史研究中占有重要地位的基本问题做明确的讨论阐述,但从他在书中对于"现代国家"特质及其同"建制议程"演变的关系的讨论来看,他显然认为1949年前后的中国在诸多方面有着明显的延续性。例如,"不经由中介力量而将国家和农村生产者直接连接起来的想法",便是帝制时代及民国时期包括国民政府在内的历届政权同样念兹在兹的问题;它们的做法虽不成功,却"为集体化的试验提供了历史的借鉴"。然而,孔飞力又绝不认为1949年是无足轻重的。这一点,在他关于人民共和国时期集体化运动的推进以及农业改造的论述中,集中地表现出来。如果以他所阐述的"建制议程"为标杆,中国共产党通过土地改革这样的社会革命的途径实现了对于中国农村社会基本结构的改造,消灭了曾是旧中国乡村生活"骨干"的乡绅阶层,从而彻底排除了国家与农民之间的"中介力量"存在的社会基础;而后,又以强势国家的力量为后盾,通过农业集体化解决了中国历朝历代、包括从晚清到民国的所有政权都无法解决的国家向农民和农村实行有效汲取的问题。正是在这一意义上,他指出,中国共产党所推行的政治与社会革命将商业和特权因素从财政制度中"剥离出去"所起的巨大作用,是没有革命便绝对难以想象的。而没有革命更难以实现的,则是国家将"异议"从政治、社会及知识空间全然排除乃至铲除的能力——这只有一个经历过革命和"革命后革命"的超级强势的现代国家才做得到。

五

孔飞力在中国近现代历史叙事的构建中对于中国共产党革命及其历史影响的关切,其实并不是一种仅仅在他身上才特有的现象,而在美国中国史研究领域的几位"大家"的身上均可以看到。(而正是在这一点上,孔飞力同美国中国学界的另几位泰斗有相通之处。)在这里,我们也想从关于本书的讨论引开去,讲一些并非无关的"题外话",对孔飞力和他的老师费正清和史华慈以及与他为同时代大家的魏斐德(Frederic Wakeman, Jr.)和史景迁(Jonathan D. Spence)做一番比较,以便把这里讨论的问题讲得更清楚一些。[3]

从总体上看,这几位大家在研究中国历史时都涉猎广泛、视野宽广。尽管他们的学术生涯并非以中国共产党革命或1949年以后的历史为中心,但在他们的研究和写作中,作为自身深刻的普世性关怀的一种反映,都会显示出一种现实关切,其表现则是对于中国晚近历史主角中国共产党革命的历史定位和意义"情有独钟"——他们知道,讨论中国、尤其是讨论现代中国,是离不开对于共产党革命的研究的;更为重要的是,中国共产党革命曾对于20世纪的整个世界秩序、包括"西方"对于世界的统治提出过带有根本性质的挑战,而他们则将如何理解这种挑战的历

---

[3] 从道理上来说,此节本来也应当包括黄仁宇这位在国内学界及读者中颇具影响的前辈大家,在知识关怀和问题意识的层面对他和孔飞力做一些比较与讨论。只是,此事陈兼已与刘昶在为《叫魂》2012年新版所写的"翻译札记及若干随想"中做过了。此处再做,似有重复之嫌,因而略去了。相关讨论,谨请读者参阅:孔飞力:《叫魂——1768年中国妖术大恐慌》(陈兼、刘昶译,生活·读书·新知三联书店、上海三联书店2012年版),第362-367页。

史根源、走向及其同人类命运的关系视为己任。因而,他们在自身学术生涯的某一阶段,都会从各自的角度,对中国共产党革命的历史进行探讨;而且,他们写出的书是人们读得懂的。

费正清是美国及西方中国史研究领域为人们所公认的领头人物,也是"哈佛学派"的开山鼻祖。他的牛津大学博士论文写的是鸦片战争后中国沿海通商口岸的开埠及相关的中外贸易与外交,整个学术生涯中也涉及了明清以降的许多课题。但他的成名著作及最重要的代表作,是1948年出版的《美国和中国》。他写作这本书的直接背景,是由中国共产党革命胜利而对美国对华政策及中美关系提出的挑战。此书出版后的三十年间几乎每十年便修订再版一次,而每一次都同中国本身的阶段性发展有关。费正清晚年最重要的著作之一是《伟大的中国革命》,以19世纪以来中国的历次危机和革命为中心,构建了关于中国近现代历史断裂及延续的大叙事。可以说,如何看待并理解中国共产党革命的起源、进程以及宏大的遗产和深远的国内及国际影响,是促成费正清数十年如一日从事中国历史研究的一个主要动因。或如他本人所言:"大地日行缩小,人口日渐繁衍,不久之后我们就要同十亿中国人生活在同一星球上了。有些问题是我们非考虑不可的。"[4]费氏是在1958年写下这段话的。当时,中美两国的全面对抗还在风头上,一时间还远远看不到尽头。

作为一代宗师,费正清有着极为强势的一面。在他主持哈佛大学中国史及东亚研究的年代里,他对于研究及学生培养有着全面及具体的规划,并几乎为每一位攻读博士学位的

---

[4] John K. Fairbank, *The United States and China* (Cambridge, MA: Harvard University Press, 1958), pp. 2-3.

研究生确定论文题目,而每一个题目往往又都是他的规划的一部分。在这一点上,他曾与孔飞力有过分歧。孔曾谈起,当他主要由史华慈指导的博士论文完成后,在答辩时居然未获费正清首肯。然而,孔飞力并不买账,而费正清又有其大学问家的包容的一面。最后,在相持不下的情况下,作出让步的竟是作为大牌教授的费正清。而此后,孔、费两人的关系虽然不如孔、史之间来得密切,但却完全可以合作(而费对于孔的研究也越来越表现出接纳及欣赏的态度)。不然的话,孔飞力绝对回不到哈佛任教——当时费正清虽已退休,但对于孔飞力回母校任教至少还是可以行使某种"否决权"的。

史华慈是费正清的学生,但又长期与费氏同事、并同为孔飞力的老师,对于孔飞力的影响似乎也更大,关系也更为亲密。在美国及西方中国研究学界,史华慈是公认的思想大家,有着宏大宽广的历史视野和极为深刻的人文关怀。孔飞力1978年回哈佛任教,在很大程度上便得益于史氏的大力推荐。史氏写于上世纪40年代末的博士论文及以此为基础修改后发表于50年代初的第一本书,是对于中国共产主义运动起源的研究。当时,一方面美国的国际权力和地位在二次大战后达到了历史的新高点,但另一方面共产主义革命在东方高歌猛进并同逐步高涨的非殖民化运动结合起来,又对美国以及资本主义的世界性统治提出了严重的挑战。美国社会中,则出现了以麦卡锡主义肆虐为标志的政治歇斯底里现象。史氏对中国共产党革命并无特别的同情之心,但从他的知识关怀出发,却希望对之做出符合理性及体现知性的分析。更为重要的是,中国共产党革命作为活生生的历史进程提供了一种独特的人类经验案例,而在史华慈看来,诸如此类案例的最终知识意义在于,"人类在文化和历史突变上的一切经验,都在人生条件的悲惨渺小和辉煌宏大上体现出了自己的相关意义。"[5]

魏斐德是从研究清史起家的，但他从来便有着一种现实政治意义上的参与意识。他最重要的代表作《洪业——十七世纪清朝对中国帝制的重建》写的是明清交替的嬗变，但其中的讨论往往在字里行间渗透着对于前现代到现代转变的更具普遍意义的观察。在文化大革命的年代里，他写了一本从中国文化中认识论发展的轨迹来探讨毛泽东思想起源的专著《历史与意志：毛泽东思想的哲学透视》，对毛革命中"没有意志便没有历史"的倾向[6]及其知识根源做了入木三分的分析。（在我们看来，这是魏氏最为重要的著作之一。2004年在一次会议上陈兼对魏谈到这一看法，他居然有一种"惺惺惜惺惺"的感觉，不顾夫人的反对，拉着陈兼不断喝酒，大有一种"酒逢知己"的兴致。）晚年，他的兴趣集中到了20世纪中国历史的研究。他逝世前正在加紧完成的，是一本关于共产党领导情报工作的潘汉年的专著。我们还清晰地记得，也就是在2004年的这次会议上，此后是在上海的又一次长谈中，他还提出，理解并叙述中国"现代性"的构建及其走向，仍然是一桩历史学家所面临的远未穷尽的任务。几巡酒后，他更露出了极为真实的一面：他对于中国史领域内种种属于"无本之木"的"后现代研究"的鄙视，简直达到了嗤之以鼻的地步。魏氏退休后本想继续好好写几本书的，不料天不假年，不到两年就辞世了。这是学界的一大损失。

史景迁的学术生涯也是从研究清史开始的，他的博士论文

---

[5] Benjamin Schwartz, *China and other Matters* (Cambridge, MA.: Harvard University Press, 1996), p. 16.

[6] Frederic Wakeman, *History and Will: Philosophical Perspectives of Mao Tse-tung's Thought* (Berkeley and Los Angeles, CA: University of California Press, 1973), p. 327.

和第一本书写的是《曹寅和康熙》。但他在成名后写了《追寻现代中国》这一本大书,其中,中国共产党革命是极为重要的一部分。他还专门写过关于中国共产党革命和知识分子的专著《天安门——知识分子与中国革命》,甚至还写过一本毛泽东小传。史氏在西方中国史学家被公认为"会写"之第一人,他文笔生动华丽、却又能写出深入浅出的文字,对于历史人物和场景的描述尤为引人入胜。他的书因而一本本均为畅销书,但又都是依据他对于史实和史料的解读发挥写成的。尽管曾有人就他对于史料的"过度解读"、以及他的历史叙事因此而陷入史实与文学之间界限不清的矛盾提出诘难,但在我们看来,在美国关于中国史的"通史类"著作中,很少有像史景迁的《追寻现代中国》那样富有见地,并在精彩的故事讲述之间,推出一些深邃及精警的关于故事意义的"旁白"。在美国各大学,过去二十余年间这本书一直是中国近现代史最主要的教科书,而书中的论述则对整个中国史研究的选题及风格产生了深远影响,这绝不是偶然的。

我们在这里还想说明的一点是,那种指称史景迁"没有理论"的说法(偶尔,也能听到关于魏斐德"没有什么理论"的议论),其实是极为肤浅、也极不得当的。说到底,在当今美国和西方学术界治中国史的学者中,又有哪一位是有原创性的"理论"的?说实话,恐怕一个也找不到。我们的感觉是,在美国和西方中国史学界,所谓"有理论"之辈,其中少数佼佼者尚能将社会人文学科中各种"理论"恰当地"活学活用"于历史研究之中,而多数则或者是将时髦理论当作论述的框架、或者干脆是用一些貌似"理论"的漂亮言辞在装点门面。理论其实可以是一个陷阱:它会给人以一种浅尝辄止的快感及满足,让人远离真正有深度及有意义的思考。费正清、史华慈、孔飞力、魏斐德、史景迁等人的一个共同特点是,严格来说,他们几乎都没有"理论",也并不见得会对种种时髦理论顶礼膜拜。然而,他们有思想,能够提出有深度的问题,并揭示历史叙事的意义之所在。难道这不应该是历史研究的本来面目及较高境界吗?

六

从某种意义上来说,孔飞力的讨论不仅涉及到中国现代国家的起源,也透露了他本人关于广义上的"现代性"以及"现代国家"的一些思考及相关困惑。由此而可以引申出来的是一种颇具深意的现象:当着史学界越来越充斥着种种超越现代性并以"后现代"为自我标榜的追索时,像孔飞力(以及与他同时代的魏斐德和史景迁)这样的大家学者,却始终以现代性在中国构建的曲折历程为自己学术研究的基本关怀和核心内容;而中国革命,则是这一构建过程的中心环节,也是同世界范围的现代性构建产生了交互影响的历史大事件。对此,应当如何看待?

近三十年前,柯文(Paul A. Cohen)提出了"在中国发现历史"的观点。后来,这一看法曾面临过方法论乃至道义层面的挑战:"在中国发现历史"会不会成为一种方法论上的陷阱——问题固然是以中国的名义被"发现"的,但何种问题值得被发现以及其意义应当如何界定,是否在中国以外以及"发现"之前便已被确定了?如此所引出的质疑是:难道只有西方学者出于自己的知识关怀而产生的"问题"才是"有意义的"吗?柯文也是一位学识渊博、胸襟宽广的大学者。他对此极为重视,因而在《在中国发现历史》的再版本中以一篇长篇大论的"新序言"专门展开讨论,其中着重强调了这样一种危险:

"在破除一种视中国人无力实现自我转变而只能依靠西方引进现代化的偏见的同时,我们是否无意中又对中国历史形成了另一种偏见,即中国历史上只有那些已由西方历史经验所界定的导致现代性的变化才是值得研究的重要变化?"[7]柯文所涉及的,是由萨义德(Edward W. Said)所开启的"东方主义批判"(critique of orientalism)似乎已在西方学术界受到某种重视的现象背后所隐藏着的一种更深层次的危险:当"有意义的问题"的界定仍然要由"东方经验"在"西方知识"中的位置来决定时,对于东方主义的批判也就有可能落入一种"新东方主义"(neo-orientalism)的陷阱!

在追寻"有意义的问题"这一点上,孔飞力显得极为执着又十分谨慎——这是一位既对自身的知识关怀极为认真、又对自己的可堕失性有着清醒认识的历史学家的态度。孔飞力的历史著述的一个最大特点,应在于他总是根据自己读史的体会,以自己原始的、真切的知识关怀为出发点,构建"有意义的问题"。他对于西方学界社会人文科学的种种时髦理论可谓耳熟能详,可以随手拈来,但他却从不会使得自己的历史思考及叙事成为这些理论的注脚,而是将对于这些理论及其产生背景及语境的理解融合在自己的知识关怀之中,并以此来确定问题的意义之所在。

我们在翻译本书时常会感到,孔飞力的思考涉及到了如何看待现代性构建作为实际历史进程及经验所涉及的普世性和特殊性的问题。更具体地说,则是现代性构建的全球性/世界性进程同本土性途径之间的关系及由此产生的种种悖论的问题。孔飞力的关怀中隐含着一种对于美国及西方文明会将人类引向

---

[7] 柯文:"《在中国发现历史》新序",载《历史研究》1996年第6期,第100页。此处对译文参照原文做了修订。

何方的忧虑，以及对于任何现存的具体的现代性构建经验能够垄断"普世性"意义的执着的怀疑。正是在这一意义上，孔飞力的知识和人文关怀，是跨越了通常的中西方文化之间的种种人为界限的。在历史研究中，"现代性"的提出和界定，曾被认为是从"西方"开始的、并曾被当作是一种纯粹的"西方"现象。然而，在具体的历史进程中，现代性的构建又是同形形色色、得到本土资源支持的经验事实联系在一起的。那么，一般意义上的现代性构建在多大程度上以及在何种意义上是一种必须依靠本土资源推进并完成的过程？如果这是一个"有意义的问题"，那么，现代性构建即便是在理论的抽象层面，也必定具有多元性或多种可能性，而不会是一元的或只存在着单一可能性的。然而，既为"现代性"，它又必定会在某一层面有其普遍性，并因而产生具有普世性意义的基本特征及原则——尽管它们的表现和实现在不同历史环境和文化情景中会受到本土性资源及相关路径的制约。任何一种具体的现代性构建过程，必定会有着与其他同类进程的共性（就"现代国家"构建而言，这种共性最终要从宪政的建立和权力制衡机制的产生中体现出来）。与此同时，这一过程又必定有着自己从本土资源承继而来的特殊性或个性——而正是在这里，可以发现"传统"对于"现代"的深刻渗透。这其实是"现代性"的又一共性。

由此又引出了日益强势的"后现代"的主流知识关怀及主流话语同就出发点（或提问角度）而言仍然属于"现代"范畴的"中国经验"之间的紧张。从历史的角度看，"后现代"关怀是一种对于"现代性"及其影响和后果的反应。世界范围内现代性构建的种种负面结果，曾经在20世纪的相当一段时间里使得资本主义西方处于守势。而知识关怀从"现代"到"后现代"的转变（这基本上是在上世纪60年代后期到90年代初期完成的——其临界点则是全球冷战的结束),又同国际资本主义彻底从守势转为攻势形成了某种重合。其中,最为要紧之处,则在于对于"普世性"问题界定权力的掌控。由此又产生了现代化"后发国家"在从事现代性构建和面对"后现代"关怀时所面临的困局:它们对于"现代性"的追求必须同时面对现代性构建需要的现实以及"后现代"关怀的挑战,而现代性构建的过程对它们来说又是跳跃不过去的。对于中国这样一个在20世纪经历了巨大革命的国家来说,尤其是如此。这里所涉及的是一种悖论,一种由于历史发展条件、目标和语境的差异而导致的"时间差":当"后现代"实践及话语——以及由此而产生的种种基本问题——已经越来越成为主流,并在占据了道德制高点的同时也掌控"政治正确"(political correctness)的界定权力(而这两者之间,又存在着相互关联的内在联系)的情势下,现代性的持续构建,以及由此而产生的仍然属于"现代"范畴的知识关怀是否仍然属于"有意义的"的范围?(如此来看,则所谓"普世价值"和"中国特点"的对峙也可以被视为是"后现代"同"现代"关怀之间的一种冲撞。)

孔飞力在讨论"中国"时铭记于心的是,中国是一个人口众多并具有种种多样性、又有着在前现代使得这样一个大国得以持续存在下来的丰富思想知识资源的国家。对于中国来说,由于其辽阔的幅员以及多元化的人口及文化构成,再加上地区性的差异以及社会在结构上的复杂性,要建设现代国家当然是不容易的。这方面的最大挑战之一,是如何在保持"中国"存在的前提下,使之既成为一个统一、强大和有效率的国家,又成为一个在宪政建制及公民参与的基本问题上具有现代意义上的合法性的国家。这里,其实也涉及到了诸如如何建构中华人民共和国的"国本"叙述之类的基本问题——这是因为,若以孔氏的历史叙事为标杆，则中国革命固然具有巨大的历史正当性，但由革命所创建的国家又从来便面临着深刻的合法性挑战。

与此相关联的是另一个重要问题，即如何界定"国家"及与之相关的各种问题的地位和意义。这里存在着又一个基本的悖论。一方面，作为全球化历史进程的起点，世界范围的现代化开启并推进的一个重要内容，便是民族国家的出现和发展。但另一方面，随着全球化时代的推进，任何关于全球化的叙事和讨论又都同各种形式的多元化是分不开的。与此相关，"有意义问题"所涉及的基本范畴，也不断从"国家"游离开去。在对于主流性话语的争相"拥抱"的种种努力中，后冷战时代的一种时髦的倾向是，国家范畴的问题"失宠"（或者说，是越来越失去表述上的"前沿性"意义），而得宠的则是或者比国家为大（如跨国的、全球性的）、或者比国家为小（如地方的、社区的，等等）的种种范畴的问题。如此一来，似乎"国家"已不再是一个从事"有意义"研究的可能范畴了。孔飞力的研究则显示，无论关于其他范畴的讨论有多么重要，它们其实并不排斥国家层面的相关讨论——或者说，关于国家层面问题的种种思考仍然是不可或缺的。对于中国这样一个多民族现代国家来说，尤其是如此。这与其说是他的一种现实政治关怀的表露，毋宁说是他的人文或知识关怀的体现。

在孔飞力的讨论中，人们可以感觉到他对于中国前途的关切，以及一种从历史视角出发对于中国前途的谨慎的乐观：在他看来，中国"现代性"的构建是可能的。而这首先是因为，中国历史文化提供了这方面所需要的一些基本的知识资源。中国"现代性"的建设，包括政治民主化进程的推进，是需要从中国本身的环境和条件出发来实现的。孔飞力所界定的思想知识资源能否产生现代意义上的政治力量，并进而对于中国国家实现包括"权力制衡"(但又不以国家的稳定和有效运作为代价)在内的现代性改造?这是一个见仁见智的问题。对于这样的资源应当也可以在中国内部找到并产生相应的作用,孔飞力在总体上是抱有希望的——其基本的前提和必要的条件则是从"广开言路"开始做起。唯其如此,孔飞力在全书结尾写道:"中国现代国家的规划是否能够超越狭隘的基础和僵化的中央集权而获得实现?这是一个只能由时间来回答的问题。现在,许多中国人相信,这是办得到的。如果真是这样的话,那么,可以肯定的是,中国建制议程的界定,所根据的将不是我们的条件,而是中国自己的条件。"这是孔飞力在年逾古稀之时从自己近半个世纪的学术生涯中得出的灼见,因而是我们应当用心体会的。

中文版序言

这本书的中文版终于要同中国读者见面了。我想借此机会,对我在书中有所论及但未能充分展开的一些基本问题作进一步的阐述。

我何以会在这本书的标题中使用了"现代"这个词?对此,最为简单的回答是,我所谓的"现代",指的是"现时的存在"。然而,近来我在对这一问题的再思考中意识到,这种关于"现代"的简单化理解大概是难以完全令人信服的。至少,"现代"这个词应该会使人们联想到一些更为深广的问题,而若要对这些问题予以进一步探讨的话,那么这本书恐怕就要厚得多了。

"现代"这个概念除了其本身的简单定义之外,还涉及同史学史演进以及人类规范发展有关的一系列问题。例如:从世界范围来看,"现代"国家之间的差异和区别是由什么造成的?难道只有在经历了工业化的西欧和北美才会形成可以被称之为"现代"的国家功能、政治结构和社会体系吗?这其实是一种文化上唯我独尊的判断。如果我们接受这种判断的话,那么,产生于西欧和北美以外的所有其他与"现代"相关的历史叙事便都要从"现代"中被排除出去了。由此而导致的,只能是一种结论已被预设的简单化推论:似乎发生于西欧和北美以外地区的"现代化"进程是由不可阻挡的外部力量所造成的,而各种不同文化、价值观和社会体系之间的差异仅仅是一种存在于遥远过去的现象,它们同"现代化"的发生也只存在着次要和带有依附性的联系。

然而,不同国家是可以经由不同的方式走向"现代"的。当我们一旦认识到这一点之后,便能够将现代化发生的"内部"史观和"外部"史观从方法论上统一起来了。我认为,使得一个国家成为"现代"国家的,是它所面临的为我们所处时代所特有的各种挑战:人口的过度增长,自然资源的短缺,城市化的发展,技术革命的不断推进,等等;而最重要的,则是经济的全球化。对于同样的挑战,不同的国家由不同的历史经验和文化背景所决定,所作出的反应是不同的。而它们的不同反应,往往是通过各自国家的不同特点而表现出来的。在一个"现代性"有着多种形式的存在、也有着各种替代性选择的世界上,政治历史所要强调的,应当是同各种民族文化和历史经验相契合的种种"内部"叙事。当这些叙事涉及到不同国家由于受到经济力量的影响和帝国主义强权的威胁而发生相应的变化时,其"外部"方面仍然有着至关重要的意义。然而,要回答现代国家何以会具有形形色色的宪政结构这样的根本性问题,仅仅依靠"外部"史观便不能说明问题了。[1]

让我们来看一下魏源为解决政治参与和合法性问题所进行的探讨(参见本书第一章)。魏源认为,应当让更多受过教育的文人参与到政府事务中来,而这种看法本身同民主并无关系,也同由西方经验所造就的其他体制并无关系。就其本源而言,魏源的反应产生于纯粹的国内因素:人口的长期增长,渴望获得官职的文人数量相应地大量增加,以及由腐败、派系活动和无能所造成的清代国家的蜕化,等等。然而,清代中期人

---

[1] 关于多种形式的"现代性",参见 Daedalus: *Journal of the American Academy of Arts and Sciences*, Winter, 2000。

口的增长，又在很大程度上是由中国以外的发展所造成的。美洲的各种农作物经由东南亚的西方国家殖民港口输入中国，从而为养活更多人口、导致中国人口的扩张提供了条件。到18世纪中叶，中国商人的足迹遍布于东南亚的各个港口，而他们的贸易网络使得中原各省份的物资供给变得更为充裕。对外贸易增加了中国的银两供应，并进而使得中国国内贸易更为生气勃勃，也大大增加了腐败产生的机会。尽管所有这些背景性因素都是迈向"现代"世界体系的重要步骤，但在魏源的世界观中，却并无这方面的认识。

历史学家们赞扬魏源，因为他意识到了西方对于中国安全所构成的严重威胁，并极力推动中国通过掌握西方军事技术来保卫自身的疆界。他在19世纪40年代初完成的名著《海国图志》中，重新唤起了中国官员及文人们对于海洋战略的长期关切（清朝统治者对此很少给予关注）。《海国图志》植根于明代和清代早期关于南洋地区权力关系的研究。魏源写这本书时，实际上回到了一种早先便已存在的学术传统。他为自己所设定的任务是，运用自己关于西方在南洋地区野心的新知识，来更新这种学术传统。他的学术成果之所以能够建立在坚实的国内基础之上，这是因为，他受到了明代知识结构中已为人们所熟知的亚洲海上权力模式的启迪。由此决定，他关于中国战略地位的看法也主要是以南洋为基础的。西方殖民者来自相距遥远的"外洋"环境，在历史悠久的南洋体系中，则是新来者。但魏源觉得，也许可以借助于他们的战略原则来应对新出现的威胁。

一位美国学者通过细致的研究发现，当魏源对"海国"进行探讨时，他所受到的西方影响是"微乎其微的"。[2]不管怎

---

[2] Jane Kate Leonard, *Wei Yuan and China's Rediscovery of the Maritime World* (Cambridge, Mass: Harvard University East Asian Monographs), p. 118.

么说，魏源有意识地运用了中国国内先前便已存在的相关知识，又受益于新的情报资料，这从知识的战略性发展的角度来看，不应是其弱点，而是知识演进的一个自然而然的阶段。魏源的政治议程在于重新界定权势力量和政治参与之间的关系。同样，他关于国家安全的看法，也是以一种得到了充分发展并高度系统化的中国的世界观为基础的。他的出发点是现有的思想材料，他所引用的各种文化上的先例，则是为他所处时代的政治领导层所能够理解的。"权势力量和政治参与"问题同"国家安全"问题的不同之处在于，他通过在讨论中引用种种隐喻和典故，已在认识论上掌握了前者，但他还没有掌握后者，仍然需要以更为精致的全球性知识为基础，对明代的海洋战略予以重新改造。然而，不管是在面对前者还是后者时，他对于新的环境与条件的创造性反应都是通过古老的智慧而表达出来的。

在这本书里，"constitution"这个词一再出现，因此，我也需要在这里就此作进一步的讨论。在我对现代国家长期演进的论述中，"根本性议程"或"建制议程"（constitutional agenda）的发展占据了中心位置。自20世纪初以来，中国曾有过好多部成文"宪法"这样的"根本性大法"。然而，这些成文的"根本性大法"的数目似乎同它们的有效性以及为人民所接受的程度并不成比例。我认为，同成文宪法这样的"根本性大法"相比较，未成文的"根本性大法"也许更为重要。

未成文的根本性大法包括了什么？人们对它们是如何理解的？它们又具有何种力量和影响？在很长的时间里，英国并没有成文宪法。18世纪的一位政务家曾写道，英国的未成文宪法是这样产生的："一些由某种急迫的权宜之计或私人利益所导致的偶然行为，随着时间的推移而结合起来并得到强化，从而成为习惯法。"正是这种"习惯法"，早在它导致了成文法律形成以前很久,便"受到了人们的尊重并成为人们行为的指南"。[3]即便在今天,英国仍然存在着无数的议会立法和其他种种法规,其宪法并不是由任何单一的文件所构成的。如果我们对"宪法"这个词作更为广义的解释的话,那它就是:积极参与政治的公民们思考政治体制应当是什么或应当如何予以组织的"道德和哲学原则"。

成文或未成文的宪法是可以并存的。美国自1789年立国以来,便有着一部成文宪法。然而,美国宪法所包含的内容却超越了宪法的文本。最高法院通过对于宪法的阐释,在为人们所接受的原则上形成了一种语境和氛围,而人们正是在这种氛围中来理解宪法的原始文本的。一位权威人士宣称,他发现了一部"看不见的宪法",而这指的是人们在宪法文本的潜在涵义上所达成的不成文的共识,以及经常会影响到政治治理的基本原则的种种价值观念。在这位权威人士看来,这部"看不见的宪法"加强了诸如"民主的代表性"之类的基本原则——正是因为政府的统治必须以来自人民的赞同和认可为其基础,任何形式的专权便都是人民所不能容忍的。[4]

我对于"根本性议程"或"建制议程"的理解,部分来自于英国模式。在英国历史上的平常时期,受过教育者当中存在着一种不成文"宪法",这是由已成为人们共识的关于政府

---

[3] 说这番话的是麦金托什爵士(Sir James Mackintosh, 1765—1832)。这段话引自 G. H. L. Le May, *The Victorian Constitution* (London: Gerald Duckworth and Company Ltd. 1979), p. 1。

[4] 参见 Lawrence H. Tribe, *The Invisible Constitution* (Oxford: Oxford University Press, 2008), pp. 85 – 91, 这本书中包括了宪法的"看不见性质"的另外一些例子,其中包括"隐私权"(这在宪法中是哪儿也找不到的)和对于未成年犯罪者的人道对待。因此,"看不见的"宪法的基础,是同美国国父们的本意相关的道德和哲学原则,尽管这在宪法的文本中并没有特别地表现出来。

"恰当的"行事程序的一整套规则所构成的。在大部分的时间里，这种共识是稳固的。公众的行为——包括权力掌控者的行为——保持在可以接受的范围之内。但是，在社会和政治陷于不稳定状态的时期，关于宪政的共识便会在"议程"上采取一种面向未来的态度——从字面上来说，也就是制定一种通常会包括社会和政治生活的很多方面的行动计划。[5]这样的"议程"，通过对于未来的理性思考，提出关于政治体制未来发展的新设想。从这一意义上来看，它是带有"根本性质"的，因为它所提出的，是关于政府和社会的合法性秩序的种种选择和替代性选择。一旦它被公民的相当一部分所接受，以这种形式付诸实施的不成文宪法便可以拥有巨大的力量，并会一代一代地传承下去。[6]

我认为，当环境的变化（包括政治环境的变化）对社会形成重大威胁时，人们便会围绕着种种"根本性议程"而开始形成共识。从乾隆到嘉庆的过渡便是一个这样的时期——当时，在财政、人口、环境和政治的各个领域都出现了带有警示性质的挑战。魏源这一代人，是信奉"经世"哲学的一代。这一代人的"根本性议程"的特点，在于他们为变革所提出的建议是从"以史为鉴"开始的，他们巧妙地以产生于中国内部的价值观、而不是以来自于外部的价值观，来为这样的议程辩护。随着19世纪历史的推进，这些议程中也融入了来自外部的思想。然而，即便是这些外来的思想也在融入的过程中受到了中国"特质"的再造。关于文人精英阶层对于政治更为积极的参与有助于加强国家的权力和合法性的看法，便是一个例子——在

---

[5] "议程"（agenda）这个词的意思之一，是拉丁文的动词"行动"（to act）。
[6] 值得注意的是，在美国，妇女要到20世纪20年代才获得选举权，要比美国"建制性议程"的出现晚了几代人。同样的情况也出现在《排华法案》（1882年）上，这要到1943年才最终废除。

其他文化背景下，由此而产生的，应该是相反的结果。尽管可能会有种种例外，但在我们这个时代，"现代国家"的特点似乎是符合于"根本性议程"或"建制议程"的产生取决于国内文化这一原则的。"根本性议程"的长期影响力，是从一代接一代的传承中体现出来的。这里所揭示的，是历史演变在机制上的深层结构。

如果没有来自友人陈兼教授的一再鼓励，以及他和陈之宏教授为翻译此书所做出的不懈努力，那么，本书中文版的出版大概是不可能的。我在此谨对他们两位表示深深的谢意。我也欢迎来自他们和其他中国同行的批评。

孔飞力（Philip A. Kuhn）
2009年10月于美国麻州剑桥

导　论

在何种意义上，中国现代国家的形成是一种"中国的过程"？

毫无疑问，现代国家在中国产生是革命与变革的结果，并受到了外部世界种种力量的影响。事实上，中国现代国家形成的关键，便在于借助于外部势力用以获得物质及社会主导地位的各种手段，来抵御外部势力的统治。要完成这一宏大事业，似乎便需要动员人民的力量，重写政治竞争的规则，并加强国家对于社会及经济的控制。一般认为，中国若要生存下去，就必须实现这些目标——这甚至比保持从前人那里继承而来的文化的完整性更为重要。对于生活于现代的中国人来说，以牺牲历史遗产为代价来争取权力和影响力，似乎是一种难以逃脱的命运。

然而，从本质上来看，中国现代国家的特性却是由其内部的历史演变所决定的。在承袭了18世纪（或者甚至更早时期）诸种条件的背景下，19世纪的中国政治活动家们其实已经在讨论政治参与、政治竞争或政治控制之类的问题了。

本书以下各章所要讨论的是，这些政治活动家们涉及中国内部的一种持续存在的"根本性议程"或"建制议程"（constitutional agenda）——正是这一议程，将中国帝制晚期的历史与现代的历史联接到了一起。在这里，所谓"根本性"问题，指的是当时人们关于为公共生活带来合法性秩序的种种考虑；所谓"议程"，指的是人们在行动中把握这些考虑的意愿。19世纪初期的"根本性议程"，虽然是以适合于那个时代的语言表达出来的，但其底蕴结构却将它同以后各个时代的相关议程联系了起来。

在这里，有三个曾在清代晚期吸引过人们注意力的问题持续地存在下来，并似乎由于现代的条件而变得更为紧迫。这些问题是：

- 政治参与的扩大如何同国家权力及其合法性加强的目标协调起来？
- 政治竞争如何同公共利益的概念协调起来？
- 国家的财政需求如何同地方社会的需要协调起来？

这一在现代中国带有根本性质的议程并非仅仅产生于外来危机，更起始于困扰中国帝制晚期的具有多重侧面的国内危机。

18世纪90年代的危机

18世纪90年代并不是中国历史上一个突发性的转折点。然而，种种趋势的汇集却导致了大清帝国——或许也导致了中国帝制时代晚期的整个秩序——走向灾变。这些趋势汇合在一起，构成了中国政治经济的一种长期性变化，它使得一部分文人精英人士开始认识到，危险之所在，是一些带有根本性质的问题。在中国国内和国外，这些问题后来被视为是同起始于鸦片战争时期、并在20世纪持续存在的西方侵略有关的（通常的说法是，这是"中国的大门被打开了"）。然而，我们有理由相信，关于创造现代国家以抵抗西方的辩论，实际上只是产生于中国内部的一场更为宏大的讨论的组成部分。关于这场讨论的背景，可以通过发生于18世纪90年代的危机来加以说明。我们可以清楚地看到，这场危机促使文人精英阶层中的一部分人去思考一些根本性问题。

1795年10月，年已八十四岁的乾隆皇帝宣布，他将于在位六十年后禅退，[1]并指定皇十五子颙琰承继大统，年号嘉庆。在清代历任君主中，只有乾隆的祖父康熙在位的时间可以与他媲美，但却没有哪一位君主的统治比他更为辉煌。乾隆骄傲地传给嘉庆的，是一代"盛世"。其间，中国的人口数翻了一番，北京的控制则深深地渗入到了中亚腹地。然而，嘉庆从父亲那里所继承而来的其实并不是繁荣，而是一连串的麻烦。

乾隆的退位仅为名义，并非事实。这位耄耋老翁在幕后以"太上皇"的身份继续着自己的统治，处理最重要的文件，发出各种谕旨的数量也不见减少。在中国的环境下，这种情况是再自然不过的了。孝道在这片土地上本为德行之本，没有哪位君主在父亲仍然在世时便可以放手治国。于是，乾隆作为太上皇的统治（这与他在位的时间是有区别的），一直持续到他于1799年驾崩时方告结束。在此期间，所有重要事务，新皇帝都必须经由首席大学士和珅向父亲禀报。此前二十年间，和珅便一直得到老皇帝的宠信，权倾朝野。他利用自己的地位奖赏扈从，惩诫政敌，并编织起了一张渗透到整个大清帝国财政系统的恩惠网络。随着太上皇龙体日衰，和珅在实际上掌握了摄政权力并控制了朝政。新皇帝不仅必须听命于父亲，也不能不受制于父亲的这位总管。

大清帝国中央领导层的这种软弱状况，出现在一个坏得不

---

[1] "乾隆"并非皇帝的名字，而是年号（1736—1795）。

能再坏的时候。1795年，处于西部崎岖边陲的动荡不安的边疆社区爆发了民众起义，此后近十年间，大清帝国的军事力量被搞得寝食不宁。自1789年起，黄河与长江流域的洪水便开始在中原和东部各省份泛滥。与此同时，在地处亚热带的港口城市广州，一场影响力同样巨大的灾难以不起眼的规模开了个头：在那里，同英国人的贸易正超越大清帝国的种种行政制约而蓬勃发展；英国商人们学会了从印度运来鸦片，以支付从中国进口的茶叶。对于他们来说，这是一种前途无量的贸易。1799年2月，当太上皇驾鹤西去时，他留在身后的是一个已陷入危机的大帝国。

发生于18世纪90年代的危机，恰恰是在贸易蓬勃发展和人口不断增加的乾隆"盛世"的成功之中孕育发展起来的。在近两个世纪的时间里（但尤其是在18世纪80年代之后），中国在对外贸易中一直保持着不同程度的出超，从而使国内经济获得了充沛的银两供应，物价也出现了缓慢而平稳的上升。地方政府的开支越来越大，而支付地方政府费用的那套体系却捉襟见肘。18世纪20年代，乾隆的父亲雍正皇帝果敢地采取行动，试图将官员们的收入建立在更为可靠的税收基础之上。但是，官员们对于非正式的附加性苛捐杂税的依赖过于根深蒂固，而增加政府开支的压力又过于沉重，结果，这一尝试失败了。

开支的增加，部分的是由官员们日益挥霍铺张的生活方式所造成的，尤其是在上层，这一点达到了登峰造极的地步。挥霍铺张的基调，是由乾隆和他的近侍们所定下的。通过和珅的关系网，每一级官员都从下一级榨取自己所需要的金钱，再向上一级"进贡"，这种做法同官员生活中已为人们所习以为常的上下级之间的关系网络是十分匹配的。京官们向地方大员索取，总督巡抚转而向知府伸手，知府又向县官勒索。到头来，支付账单的还是平民百姓。[2]

乾隆在漫长的帝王生涯中，一直对于受到皇家恩宠者所领导的派系活动保持着警惕。然而，到了18世纪90年代的最后那几年，乾隆垂垂老矣，不再是年轻时那个机敏果敢的君主了。位居首席大学士、领班军机大臣的和珅把持着大清帝国的政策和资源，为所欲为。在主子的纵容下，和珅发明了一系列"处罚"手段，从各省官员那里榨取钱财，由自己和乾隆分享。[3]事实上，老迈的太上皇和他的宠臣一起，为他们共同的福祉而推出了一整套税上加税的体制。整个18世纪90年代，乾隆对于和珅的宠信一直坚定不移，甚至压倒了他对于朋党派系活动的敌意。我们或许可以将和珅一党称之为一种"超级派系"，因为它得到了最高统治者毫不动摇的庇护。乾隆的政策搞得官员们明哲保身，但和珅的势力却靠着乾隆这道护身符，得以在官僚机构中大肆扩张。少数敢于对此提出挑战的官员，自己都倒了大霉。一直到乾隆帝于1799年驾崩之后，和珅及其一党才被推翻。

在下层，钱财是要从各个县份搜刮上来的，地方政府的腐败达到了无以复加的地步。1798年，素来直言不讳的翰林院编修洪亮吉便不指名地提到，在和珅风头正健的年代里，"州县之恶，百倍于十年、二十年以前"。[4]他还指责州县官们，一旦有事，"即借邪教之名把持之"，借以榨取钱财，逼得农民们走投无路，只能起来造反。

本来，中国社会便已经感受到了人多地少的沉重压力，和

---

[2] 冯佐哲：《和珅评传》（北京：中国青年出版社，1998年版），第152－167、229－230页。
[3] 林新奇："乾隆训政与和珅擅权"，载《清史研究通讯》，1986年第2期，第17－19页。
[4] 洪亮吉："征邪教疏"，载贺长龄编：《皇朝经世文编》（上海：宏文阁1898年版），第88卷，第7页上下。

珅"第二税收系统"的贪得无厌又使得社会承受的压力变得更为沉重。中国人口从1741年的一亿四千三百万增加到了1794年的三亿以上（也就是说，年均人口增长达到了三百二十万），这是造成18世纪90年代危机的主要动因。[5]那么，又是什么因素促成了人口如此迅速的增长？毫无疑问，这同自17世纪80年代后伴随着清朝统治的巩固而来的长期的国内和平环境是分不开的。同时，谋生新途径的出现，既增加了粮食供应，也促成了人口的增长。自欧洲人于16世纪初来到东亚和东南亚之后，他们便建立起了一张对外贸易的网络，来自日本和新世界的银子带来了中国国内市场的繁荣。由于市场在全国范围的扩展，农民们得以通过在家从事手工业生产（主要是纺纱）以及种植可以用来换取现钱的农产品，来补贴家庭收入。从美洲引入的诸如玉米、甜薯和烟草之类的新作物，使得农民们可以扩大种植范围，尤其是开垦缺水灌溉的高地和山坡地。在此背景下，18世纪成为中国人口内部迁徙的黄金时代，少地的农民不仅从平原移往山区，也移往各省交界处的人口稀少地区。然而，尽管大规模移民和开荒活动不断地进行，到了乾隆统治的后期，人均土地占有率仍然下降到了危险的低点。[6]

人口增长过快带来了严重的生态问题。农业的不断扩张破坏了植被并造成了大河流域的水土流失，成千上万吨的泥沙被冲入河中，垫高了堤坝内的河床，在有的地方甚至高过了周围的地面。自1778年遭遇特大洪水之后，黄河便连年泛滥，而人们对此却束手无策。整个18世纪80年代和90年代，严重的洪灾持续不断。从1780到1799年的二十年里，有十二年遭遇

---

[5] 郭松义："清代的人口增长和人口流迁"，载《清史论丛》，第5辑（1984年），第103–138页。
[6] 同上书，第104页。

了水灾，其中，1796年至1799年间，年年都有洪灾发生。由于这些现象与和珅擅权出现在同一时期，当时的人们因而相信，腐败的河务官员将本来应当用于修筑堤坝和疏通河道的经费装进了自己的腰包。[7]

土地短缺地区农民向西部边疆区域的迁徙，构成了这一时期苦难的又一根源，即民族之间的冲突。由外来农民和商人所带来的压力，触发了当地少数民族的起义，例如，苗民便于1795年发动了反对汉族官员和高利贷者的暴动。一年后，在湖北、四川和陕西交界处的崎岖边区，贪婪而残暴的地方官员在新近才开始有人定居的社区点燃起了反抗的火焰——1796年，在民间佛教分支白莲教的一批虔诚信徒的领导下，当地爆发了起义，并顶住了清军的镇压，持续达八年之久。在上述两桩事件中，官员们及其部下嗜钱如命，他们的种种倒行逆施，将人多和地少给人们带来的穷困和不幸混合了起来。而压在所有这一切上面的，还有身在北京的和珅一党所施加的无情的财政压力。

帝制晚期的三道难题

人们可以很容易地便将发生于18世纪90年代的危机描绘为，这是对大清王朝昔日辉煌和奢靡的报应，也是对官员们的腐败行径和大肆挥霍的生活方式的惩罚。这样的恶行和君主的老迈以及臣下的贪婪结合在一起，一定会让很多试图找出事件背后原因的人们感到一种浅尝辄止的满足，因为，在中国历史

---

[7] 水利部黄河水利委员会编：《黄河水利史述要》（北京：水利出版社1982年版），第310-320页；孙文良、张杰、郑川水：《乾隆帝》（长春：吉林文史出版社1993年版），第508页。

上有着太多的类似的先例了。然而，也有人似乎从中看到了一种更具有深意的威胁：这里所揭示的，其实是一种制度——一种已经无法同自身政治使命和任务相契合的制度——的没落。也许，只有通过发生于18世纪90年代的多方面的危机，人们才有可能认识到深藏于特定事件背后的种种问题。一些过去看来似乎具有偶然性的现象（例如，某一官员的腐败，或某一水坝未能得到妥善的维护，或某位君主变得年迈昏庸，等等），此时在人们的眼里都具有了全局性的意义。一些过去看来只是属于地方性的现象（例如，某个县份的吏治不良，或发生于不同民族之间的冲突），则被视为具有了全国性的意义。

在中国现代的根本性议程的背后，存在着三道具有关键性意义的难题，其中的每一道，都是清代社会和政治发展的产物。第一，怎样才能使得由于恐惧而变得火烛小心的精英统治阶层重新获得活力，以对抗危害国家和社会的权力滥用？第二，怎样才能利用并控制大批受过教育、却不能被吸收到政府中来的文人精英们的政治能量？第三，怎样才能通过一套相对狭小的官僚行政机构来统治一个庞大而复杂的社会？值得我们思考的是，中国帝制晚期的这些两难问题当时是否已经达到了尾大不掉的程度，以至于即便没有来自外国的侵略，根本性的变化仍然是必定会发生的？[8]

---

[8] 如果有人不相信重大变化已呼之欲出的话，那么，他不必往远处寻找，只要读一下发生于1851—1864年的太平天国叛乱的纲领和政策就足够了。这些纲领和政策包括：（1）通过精心编织的保甲网络，使得地方政府更为彻底地渗透到地方社会中去；（2）通过将精英阶层置于一种比之儒教政权下的君主－精英关系更为严酷的神权政体的控制之下，对于朝廷和精英阶层之间的关系重新予以界定。在这两个方面，第一种变化的源头在于中国古代的相关实践；而第二种变化，则来自于太平天国领导人从西方传教士那里得来的基督教的救世观念。太平天国的神权政体固然是受到基督福音书的启示而建立起来的，但天国的实际运作方式却在任何意义上都不是"西方的"。

对抗权力的滥用

由于必须生活于一个征服者政权之下,清代中国的文人阶层早就学会了谨慎行事。他们所受到的文化熏陶,是从儒家经典中得到的;而他们所获得的政治训练,却来自于生活在满族统治之下的现实。毫无疑问,异族统治——尤其是事无巨细均要插手的乾隆的统治——使汉族文人们变得心存恐惧、小心翼翼。

乾隆清楚地意识到,他的满族同胞们面临着被汉人的生活方式所融合并失去自己身为出类拔萃的战士的特殊活力,他因而竭力试图通过向他们发出谆谆告诫,并通过唤起他们文化上的自我意识,试图振奋起他们的"满人习性"。[9]乾隆还有着暴戾凶残的另一面,这表现为他对于文人臣子们在种族问题上任何冒犯行为的高度敏感。清代文人们很快便发现,文字——尤其是被认为含沙射影的文字——可以带来杀身之祸。即便是对于满族统治蛛丝马迹般的不敬暗示,也会给文字的作者带来身首异处的下场。乾隆本人则身体力行,亲自抓了几桩据称是以隐讳曲折的言辞对清朝合法性提出非难的样板案例。此类"文字狱"可以追溯到 18 世纪 50 年代,到 18 世纪 70 年代达到了登峰造极的地步,全国范围内均有文人臣子因文字而获罪。如果对于某一段文字的解读来自于皇上本人,则不管这种解读多么牵强附会,人们也无法提出争辩。对于从中所引出的教训,文人们是不会忘记的。一位朝鲜使者在 1780 年发现,他所遇到的所有人都谨慎小心到了极点,

---

[9] Pamela Kyle Crossley, *Orphan Warriors: Three Manchu Generations and the End of the Qing World* (Princeton, N.J.: Princeton University Press, 1990), p. 21.

"虽寻常酬答之事,语后即焚,不留片纸。此非但汉人如是,满人尤甚"。[10]

然而,若从一个更为基本的层面来看,谨小慎微的品质已经溶入到文人们自身的政治价值观当中去了。如果说,要抵制对于权力的滥用,其必不可少的前提是从根本上承认人们有权在政治团体中结合起来的话,那么,精英阶层在面对和珅之流时何以会显得束手无策,也就毫不奇怪了。如果说,对于种族上冒犯言行的恐惧还不足以让批评者三缄其口的话,那么,还有被指控为"结党"的恐惧!具有讽刺意味的是,任何人若是反对皇上宠臣的"结党"行为,他们自己就会被扣上"结党"的帽子。究竟是什么使得"结党"的指控成为清代统治者手中如此有效的武器?这种指控的力量之所在,部分来自于精英阶层自己对于结党的不齿。清代精英层的大多数人都显得对于"结党"行为深恶痛绝,这是因为他们大家都同意这样的看法:17世纪上半叶,正是由于朝廷的朋党争斗而导致了明朝的瓦解,并间接地带来了满族征服的实现。"朋党"本身便是恶名昭彰。孔子曰,君子"群而不党",[11]这为所有执政者阻止部属们拉帮结派提供了最好的理由。但实际上,在政府的各个层次,拉帮结派的活动却仍在暗中进行。

---

[10] Min Tu-ki, *National Polity and Local Power: The Transformation of Late Imperial China* (Cambridge, Mass: Harvard University Press, 1989), p. 5. 该书作者闵斗基在"热河日记和清统治的特点"一章中,记述了一位随朝鲜使团入京的文士朴趾源关于中国文人对政治和学术的内心想法的发现和讨论。

[11] 引自《论语·卫灵公》。英译文见 James Legge, trans. *The Four Books: Confucian Analects, The Great Learning, The Doctrine of the Mean, and the Works of Mencius* (Shanghai: The Chinese Book Co., 1933, reprint, New York: Paragon Book Reprint Corp., 1966)。

18世纪官场中的结党行为，一般来说并不以关于政策的共同看法为前提，而是建立在宗族、乡谊和师生同门关系的基础之上的。[12] 从朝廷的角度来看，这些关系中的最后一类是最伤脑筋的，因为科举考试是一座名副其实的生产朋党的作坊。一方面，考官和考生之间的关系创造出了恩师与门生的网络；另一方面，身居高位的考官们可以利用职权来操纵或"设定"考试结果，这又转变为朋党活动的催化剂。在官场之外，结党活动在中国社会生活的土壤中自发地蔓延开来。宗族、同乡和师生关系结合在一起，成为结党的温床。当朋党势力强大到足以制约皇家的权威和资源时，它便成为令统治者们极为头痛的问题。然而，要铲除朋党活动却又是不可能办到的。给朋党活动贴上"谋求私利"的标签，并不能使问题得到全面解决。可是，从权势者的角度来看，这却不失为没有办法时的一种办法——到18世纪90年代，任何人若试图对上层的权力滥用提出挑战，能使用的手段也因此而变得更为有限了。只要同"谋叛"稍稍沾边，人们便再不敢从事协调一致的政治行动了。朋党活动依然存在，但要在从政时明目张胆地结党，却是有着很大风险的。

满族历代君主都对朋党活动采取了极为严厉的态度，而乾隆的父亲雍正在这方面尤为突出。18世纪初年，雍正自己是经历了凶残狠毒的派系斗争才获得权力的，他因而理解朋党活动对于皇权所构成的威胁。雍正宣布，人们之所以从事朋党活动，是出于妒忌或个人野心，因而不能"与君同好恶"。而当臣子"心怀二三，不能与君同好恶"之时，又如何能做到"惟

---

[12] 孙文良、张杰、郑川水：《乾隆帝》第131－141页；高翔：《康雍乾三帝统治思想研究》（北京：中国人民大学出版社1995年版），第386页注。

知有君"并服务于社稷天下呢?[13]处于这种自我保护理念核心的,是天下只存在着一种关于公共利益的正确认识,而这种认识又只能来自于那位既没有感情用事的亲疏之分、又有着高远视野的君主本人。关于公共利益的正确认识,很难产生于意见全然对立的情况下,更不可能产生于个人利益之间(应读作"自私自利")的竞争。乾隆一生都对朋党活动深恶痛绝。他在位初年,必须对付父皇留下来的两位老臣和他们的亲信随从。到了晚年,尽管他可能认为自己已经铲除了所有的旧朋党,并通过恫吓手段使得无人胆敢建立新朋党,但实际上,当时他的锐气已远不复当年,而和珅之流所从事的朋党活动又乘机卷土重来,这对他的伤害极大。

毫无疑问,高官们应该就朝廷政策向皇上提出各种各样的建议,而事实上这也是他们的职责之所在。清统治者并不缺乏来自官员们的意见,也远远没有达到孤家寡人的地步。[14]清代的通讯体系,是通过君主和每一位大臣之间的个人联系而运作的。官员们上达天听的路径不仅狭窄,还受到了一大堆规矩的牢牢控制。在18世纪,每当协同一致或持续性的支持性意见在某一政策路线或某项任命上出现时,便会被认为有着朋党活动的高度嫌疑。

那么,文人们自己是否对公共利益是单一的和排他的这一点存有怀疑呢?从文人们反抗朝廷暴政的一桩名案——17世纪

---

[13] 《御制朋党论》(1724年),载《大清世宗宪皇帝圣训》,第19卷,第10页。英译文引自 David S. Nivison, "Ho-shen and His Accusers," in David Nivison and Arthur Wright, eds., *Confucianism in Action* (Stanford, Calif.: Stanford University Press, 1959), pp. 225-226。

[14] Helen Dunstan, "'The Autocratic Heritage' and China's Political Future: A View from a Qing Specialist," *East Asian History* No. 12 (1996), pp. 79-104. Pierre-Étienne Will, "Entre présent et passé," in Kuhn, *Les Origines de l'État Chinois Moderne*, pp. 54-55.

20年代的东林党运动——来看,并非如此。东林党事件所涉及的,是文人官员们拉帮结派,下决心要通过控制科举考试来操纵对于官员的任命并安插私人,从而控制北京的朝政。东林党人群起呐喊,对太监"阉党"在朝廷的邪恶专权提出了挑战。如果我们仅仅将视野局限于东林党人对于"专权"的不屈不挠的抵制的话,那么,我们便有可能会忽略,他们采取行动的前提其实是自己所反对事物的一种翻版。当东林党人转而掌权时,他们反过来对处于自己对立面的官员们进行了无情的镇压。无论是权力的分享或对于利益的多元化考虑,在他们的眼里都是不可接受的。在他们看来,公共利益只能有一种,其界定,则是通过以个人德行为基础的公正言辞而实现的,为了捍卫公共利益而献身成仁的精神是可以接受的。东林党运动及其命运所描绘的,是一幅派系斗争中赢者全赢、输者全输的图景。在这样的党争中,能够使差异得到缓和或调节的机制是全然不存在的。到了清代,东林党事件成为将党争视为损害公共利益和国家稳定的一种前车之鉴。在帝制晚期的中国,文人的社会地位有一系列制度和政策上的保障。要维护这种地位,稳定对于文人们和君主来说都是极为宝贵的。[15]

就其对精英阶层的士气和政权在公众心目中合法性的影响而言,和珅事件造成了政权的巨大的不稳定。如何才能使得这种对于权力的滥用受到抵制?若是要求人们既结合在一起、又以一种非派系活动的方式来反对这种权力滥用,这从逻辑上来说似乎便是自相矛盾的。然而,当和珅于1799年倒台后,文

---

[15] 关于明代党争及其对清代文人所产生的影响,参见 Will, "Entre Présent et Passé," pp. 55-58。关于对于东林党持怀疑态度的研究,参见 Fritz Mote and Denis Twitchett, ed., *The Ming Dynasty, 1368-1644*, Part I, *The Cambridge History of China*, vol. 7 (Cambridge: Cambridge University Press, 1988), pp. 532-545。

人们的行动中开始闪现出了希望之光。一种做法是，摆脱假惺惺的道德说教的羁绊，通过加强政府管理中务实的方法和手段，来扩展文人们参与政治活动的天地。这种做法鼓励文人们在参与政治的同时，既保持内在的忠君态度，又不为朋党活动所累。志同道合的文人们之间的合作，也可以披上高雅文化活动的外衣，例如，通过组织诗社或纪念祭奠先哲的"祀会"来达成，而这样的活动有时是带有派系色彩的。最后，还有让文化精英阶层中更广大的成员来参与政治，但这是一种并不一定行得通的做法。到了19世纪末，这种做法得到了人们的热切追求；但在和珅死后，当时的那一代人却只对之给予了匆匆一瞥。

文化精英的政治能量

若将中国帝制晚期社会当作一个整体来看，没有比庞大的文化精英阶层和狭小的官僚精英阶层之间所存在的鸿沟更为重要的问题了。所谓"文化精英"，我指的是艾尔曼（Benjamin Elman）所说的"通晓经典的文人"（classically literate）。他们所受的教育，是阅读、解释、甚至背诵将在科举考试中使用的经典文本；不管最终是否得以登科、及第，他们终生以所学为本赋诗撰文。所谓"官僚精英"，我指的是文化精英中那部分人数很少、经过京考殿试而获授官职的文人。

文人们为通晓经典、准备繁苛的科举考试而度过了经年累月的苦读生活，这就将他们同芸芸众生区分了开来。他们的总人数，当然应该包括所有通过了各级考试的文人，但也应该包括数目要多得多的那些虽一再尝试，却始终名落孙山的文人。由于考生人数和功名定额之间的巨大落差，很难说登科或落榜的结果一定反映出了考生们在能力上的差异。艾尔曼的研究中最引人注目的论点之一是，从社会—文化的视角来看，多少人通过了考试并不是一个最有意义的问题。[16]财富分布的扩散和教育的扩展造就了人数越来越多的通晓经典者,但通过科举考试的人数却一直保持稳定。于是,在大批进入官场的几率近乎于零的人们当中,充满了因仕途受挫而产生的沮丧。以下的结果是令人震惊的:对于大多数通过了县级院试的生员和省级乡试的举人来说,要想进入仕途实际上是办不到的;而对那些地位甚至还在生员之下的文人们来说,虽然饱读经书,但他们中的绝大多数人依然注定将永无出头之日。所以,从县里到省里,就绝大多数通晓经典的文人们的处境而言,不管他们多么才华出众或雄心勃勃,他们进入官场并获得政治精英地位的机会实在是微乎其微,因而只能永远置身于国家体制之外。[17]

毫无疑问,大多数文人之所以追求功名,其价值主要在于功名是官方对于特殊社会地位的认证。即便在生员这个级别,仍然有着很多特权,包括较低的税负,免受体罚,以及在日常生活中不致受到当地官差的敲诈勒索,等等。对于一个家庭来说,资助儿子们获得功名也是保证该家庭的社会地位得到维护和改善的最可行的办法。在一个实际上不存在种姓制度或爵位世袭制度的社会里,通过科举考试获得功名便成了在社会的任

---

[16] 根据艾尔曼的估计,到19世纪中叶,"通晓经典的文人"的总数也许达到了三百万,也就是占当时总人口的不到百分之一。Benjamin Elman, *A Cultural History of Civil Examinations in Late Imperial China* (Berkeley: University of California Press, 2000), p. 237。

[17] 虽曾诵读经书、但却仕途无门的文人可以分成三类。在最底层,考取秀才而成为生员的比例在清代是1.5%。参加省级乡试的生员中,大约5%可以通过考试而获得举人头衔。而在乡试成功者中,大约0.8%能够通过在京师举行的会试及殿试而成为进士,从而打开进入官场的大门。也就是说,在所有通晓经典的文人中,每万人中仅有8人能够成为进士。而在整个清代(1644—1911),在全部考生中,最后能通过各级考试的人数比例为0.1%。见Elman, *A Cultural History of Civil Examinations in Late Imperial China*, pp. 141 - 143, 662。

何层面获得精英地位的唯一道路——再没有什么途径能够比这种投资得到更好的回报了。

尽管如此,同样很清楚的是,一些文人利用自己的功名地位,转而在官场之外投入了从广义上来看属于政治参与的活动。在地方社区,文人们一般都会从事代理税收和诉讼的活动,而这两者都是不合法的——在某些情况下,在官方看来这些活动甚至还起到了破坏地方秩序的作用。但是,文人们还有很多合法的选择。用施坚雅(G. William Skinner)的话来说,不在官场的地方文人造就了一批"准政治性"的精英人物。在地方上,他们在官方体制之外从事着为官方所批准支持的活动。[18]对于那些被关闭在全国性政治大门之外的文人们来说,各种形式的地方活动很自然地便成了他们大显身手的舞台。管理社区事务、编纂地方志、促进或维护地方文化及历史,等等,对于中国帝制晚期的文化精英们来说成了越来越具有吸引力并唾手可得的机会。

然而,我们还必须考虑到,文化精英阶层的三百多万名成员除了参与地方性活动以外,都曾有过诵读诗书的经历,受到了文人学士应当"以天下为己任"的教育。科举考试又通过以国家大事为题(虽然一般来说不会涉及当朝事务),除文之外还包括"策论"("策论"一般不会涉及当前政策,但也许更有意义的是,它会涉及到历朝历代统治的历史经验),而使得文人们心目中"以天下为己任"的信念一再被强化。[19]在中国帝制晚期的根本性议程背后,人数相当多的一批文人对于国家大事至少有着某种程度的认识,却又绝没有亲身参与国家大事

---

[18] 有关"准政治性"的论述,参见 G. William Skinner, "Cities and the Hierarchy of Local System," in Skinner, ed., *The City in Late Imperial China* (Stanford, Calif.: Stanford University Press, 1977), pp. 336 – 344。

[19] Elman, *A Cultural History of Civil Examinations in Late Imperial China*, p. 9.

的希望。时代的危机是否能够在政治参与上为他们打开新的路径?

白哲特(Walter Bagehot)在描述19世纪的英国人民时,称他们"富有睿智并具有政治头脑",他的意思是,尽管只有少数人能够投身于公共事务,但英国人仍然保持了对于公共事务的兴趣。[20]我们是否能用同样的语言来描述中国的文化精英阶层呢?在中国文人的教育背景和社会地位中,当然存在着使得他们——用白哲特的话来说——"具有政治头脑"的倾向。在这方面,将他们联为一体的因素超过了使得他们分开的因素。不论地位高低,文人们都有过诵读诗书的经历,而渗透在诗书文本的字里行间的,则是公民法则和善政良治的基本精神。因此,对那些不在官场的文人来说,他们仍然会觉得自己同为官者之间的区别并不在于学问与见识的高下,而在于环境与机会的不同,而我们对此也就不会感到大惊小怪了。

那么,是否有某一个群体能够以一种带有全国性的视野和覆盖面,来应对全国范围出现的各种挑战?构成这个群体的人们的共同信念是,自己的利益同国家的命运休戚相关,而这种认识又促使他们在更大的程度上参与政治。虽然说,一直要到19世纪30年代抵抗西方的背景下,这一群体的全国性影响力才会为人们所觉察到,但我们有理由相信,它的某种潜在的形式其实早就存在于不远之处了。尤其是文人中的一部分,亦即通过了乡试并获得了举人身份的人,其实早就构成了一种事实上的全国性精英阶层。他们的人数大约在一万人左右,其中八

---

[20] Walter Bagehot, *The English Constitution* (London: Oxford University Press, 1949 [1872]), p. 65.

千人会每三年一次前往北京，参加在那里举行的会试。[21]在赴京赶考的过程中，来自各省的举人们在北京同来自其他省份的同僚们建立起了社会及文字上的联系，接触到了监考官员，并浸入到京城这所谣言流传的大染坊中去，他们因而对于全国性事件是敏感的。在这一意义上，尽管举人功名来自于省里的乡试，但严格来说，举人们却不再是属于"省里的"了，而形成了一个全国性的精英阶层。他们了解全国性的问题，并且还同其他对于全国性问题有着同样关切的人们彼此来往。在魏源的眼里，这一属于"文人中流"的群体，不仅对于全国性事件颇为敏感，并认为自己有资格参与这些事件（参见本书第一章的相关讨论）。[22]

获得功名的人数众多，而拥有功名者所能获授的政府职位却数量很少，这种差异是清朝从先前的明朝那里继承而来的。然而，18世纪和19世纪的条件给这种差别带来了政治上的意义。18世纪90年代的多方面危机及其后果，对全国各地处于官场之外的精英人物研讨国事起到了鼓励作用。19世纪初期出现的外来危机又为他们提供了新的机会，对权势者的忠诚和廉

---

[21] Elman, *A Cultural History of Civil Examinations in Late Imperial China* (p. 152). 艾尔曼指出，在清代，举人基本上"被降了级"，这是因为，从实际的角度来看，他们已不再能够获授政府的下层职位。举人们因此也就成为一个永久性的候选人阶层。

[22] 这里，还有一点值得一提，这就是地位较低但人数要多得多的"监生"这个群体。他们的功名是捐来的，在1850年前，人数达31万，而在太平天国叛乱后，人数也许达到了43万。他们有资格参加在北京举行的顺天乡试。清初，从全国各地到北京参加顺天乡试的监生人数，大约在两千至七千人之间。以后则稳步增加。到1735年，建造了一万间试舍。到19世纪末，则达到了一万四千间。参见 Susan Naquin, *Peking: Temples, Public Space, and Urban Identities, 1400 – 1900* (Berkeley: University of California Press, 2000), pp. 363, 416. 关于举人和监生的总人数，参见 Chang Chung-li, *The Chinese Gentry: Studies on Their Role in Nineteenth-Century Chinese Society* (Seattle: University of Washington Press, 1955), pp. 126, 137。

正提出质疑。也许，意义最为重大的是，具有改革思想的官员们出于自己的需要，为举人们通过担任幕友的方式积极卷入政府活动提供了新的机会。

清代的一般情况是，通过省级乡试者本来是不能够获得为官资格的，然而，通过担任高级官员的幕友这一重要的替代性途径，他们却获得了参与处理全国性事务的实践机会。举人们可以一种社会地位上的平等身份，进入省级官员身边的圈子，在重要事务中起到出谋划策的作用。我们注意到，魏源和包世臣（1775—1855）这两位19世纪初叶最富声望的制度改革提倡者，便是在以举人身份担任省级大员幕僚时建立起自己的名望的，并在盐政和漕运这样的具有全国性意义的机制性问题上出谋划策。在19世纪动荡不安的过程中，高官们的幕下需要吸收更多本无定所的行政干才，以应对军事和外交上的重重危机。像魏源和包世臣这样的举人们，因而也获得了更多的机会。到19世纪末，某一总督幕下往往会聚集着数十位杰出人才——他们虽然胸怀大志，但却无法通过传统科举的途径进入到官僚精英阶层中去。

我之所以强调这一事实上存在着的精英阶层的"全国性"特征，是出于两个原因。第一，18世纪90年代所发生的危机，也是一种全国范围的历史性危机的暴露。和珅集团的榨取能力不仅在全国范围内削弱了官僚行政机构的效率，也削弱了大清帝国最为偏远的地方社区的稳定。这个时代所发生的民众起义，是由地方官员得不到满足的金钱欲望所触发的，而这种欲望本身，又受到了以帝国首都为中心的和珅关系网络的种种索求的强力影响。但即便没有和珅，地方政府的财政混乱也是一个全国性的问题。正如我们在本书第三章中会看到的，这种混乱所达到的程度早已引起了最高层的重视。到19世纪20年代，诸如盐政和漕运这样的全国性和地区性机构的运转失序引起了文人们的注意,并激发起了他们寻求在全国范围内解决问题的兴趣。第二,由洋人现身于广州而导致的经济混乱以及后来由鸦片战争所带来的危机,在不同层次的文化精英人物当中——不管他们是否在官——都引发了积极的政治参与。早在和珅死后那几年里便对国内危机的全国性方面极为关切的一些文人,随着国内危机在整个19世纪的不断恶化,又深深地卷入到了同全国性危机有关的对外事务中去。

由狭小的官僚机构统治庞大的社会

到了18世纪,国家的勃勃雄心和它的能力之间已经明显地存在着严重的差距,社会的发展也已经把那个试图统治它的政治体制远远地抛在后面。对于生活于帝制晚期的中国人来说,这并不仅仅是一种抽象的存在,而涉及到了他们的日常生活和家族的生存。极而言之,这还威胁到了地方社会的稳定,并因而威胁到了国家的安全。

清代的满人政权为皇位带来了权威,为官僚行政机构带来了纪律,也为帝国的通讯系统带来了效率——在所有这些方面,满人政权所获得的成就都达到了使历朝历代难以望其项背的程度。然而,这个强大并富有理性的行政系统的内在矛盾却在于,它的效率在上层要比下层高得多。[23] 尽管这个系统在行政上有着复杂精密的设计,但它对于县以下——亦即它本身在地方社会的财政基础——的控制却是脆弱的。

乾隆时期的人口增长,对不能再扩大的地方官僚机构提出了前所未有的挑战。虽然人口翻了一番以上,但县级单位的数

---

[23] 关于清行政体制的"上层",参见 Beatrice S. Bartlett, *Monarchs and Ministers: The Grand Council in Mid-Ch'ing China, 1723 – 1820* (Berkeley: University of California Press, 1991)。

目却几乎完全没有发生变化。其结果,则是县级社会的规模和复杂性同负有控制社会并收取税赋的行政机构几乎完全不成比例。[24]到18世纪中叶,中国停滞的政治框架几乎再也难以包容不断扩展并充满活力的社会和经济。不仅县的数目没有变化,县级官僚行政人员的人数也没有因应政府不断扩大的职能之需而得到增加。作为大清帝国层级最低的朝廷命官,县官们别无选择,只能依赖于不受中央政府考核和控制的当地胥吏。

随着人口的增加以及相对自由的土地市场的扩大,税收变得越来越困难,其成本也越来越高。事实上,这使得地方政府的所有开支都增加了,而县里胥吏们则必须无所不用其极地从平民百姓那里榨取钱财,才能维持这种开支。税收的具体事务掌控在并不住在乡下的下层胥吏手中。这样的编外人员有成百上千(包括收税者和为收税服务者),一般来说,他们是为县衙门所雇用的。这批人工作繁重,但却很少被人看得起,他们通过直接向纳税农民收取费用及杂税来过活。这种制度为权力的滥用打开了大门。

国家之所以没有随着人口的增加而相应地扩大官僚行政机构,是有很多原因的。首先,传统的信念是,政府应当节俭,这也是一个王朝是否受到上天佑护的表征。其次,现存的州县制有其固定性质,并深深地植根于中国官僚行政机制的传统之中,这也许还同与每一特定县址相关联的礼仪崇拜有着一定的关系。最后,还有官员们的双重身份问题——他们既是国家的行政人员,又是文化精英阶层的成员。要让常规官僚机构的扩

---

[24] 施坚雅注意到,11世纪后(但尤其是在近几百年里),尽管中国人口从地域分布和数目上不断扩大,但中国县级单位的数目保持在一种令人称奇的稳定水平之上。他把这种情况同"从中唐(公元9世纪)到帝制时代终结政府效率的长期下降"联系了起来。参见"Urban Development in Imperial China," in Skinner, ed., *The City in Late Imperial China*, p. 19。

展能够跟上地方政府工作量不断增加的速度,就必定会使得文人身份的专尊性质受到削弱。官员地位和身份是一个具有排他性的"俱乐部",其成员资格并不仅仅在于他们所担负的行政职务,还在于他们同缺乏教养和缺少教育者之间的文化距离。俱乐部成员对小胥吏之流嗤之以鼻的态度尤其能够说明问题,但正是这些编外人员们从事着统治乡村中国的种种具体和琐碎的工作。文人士大夫们对于自身的认识和定位,同官僚行政队伍的广泛扩张是格格不入的。[25]

如果将胥吏阶层纳入视野,我们便可以发现,中国帝制晚期确实出现了一种人员繁杂得多的地方行政机制,但其代价却在于,收取税赋以及维持执法系统的费用(包括相关的社会成本)高到了令人难以接受的地步。[26]尽管北京方面一再作出努力,试图禁止未经授权的收费或削减收费的数目,但这些费用却是为保障县衙门的日常运作所必不可少的。由"政府必须节俭"的论调和官僚机制的排他性质所决定,这个问题也许是无法解决的。除非出现某种能够使得国家渗入乡村社会的新机制,或者出现某种能够根据社区利益来监督税收的地方自治,没有任何其他手段有可能使得这个国家与社会关系中最为重要的核心问题获得解决。18 世纪 90 年代的民众起义发生的部分原因便在于税收中对于权力的疯狂滥用,这已经引起了洪亮吉

---

[25] 发生于 1729 年的一场关于县级以下胥吏的高层辩论也巧妙地应对了扩大官员"俱乐部"的问题。辩论所涉及的,是从当地精英人物中任用乡官的问题,以便让他们起到县官和民众之间的联系桥梁的作用。在我看来,这些乡官其实并不是常规行政官僚队伍的延伸。关于 1729 年的这次辩论,参见 William T. Rowe, *Chen Hongmou: Elite Consciousness in Eighteenth-Century China* (Stanford, Calif.: Stanford University Press, 2001), pp. 345 - 346。

[26] 关于地方胥吏的相关研究,参见 Bradly W. Reed, *Talons and Teeth: County Clerks and Runners in the Qing Dynasty* (Stanford, Calif.: Stanford University Press, 2000)。

对于地方政府所存在的一系列基本问题的警觉。到了19世纪30年代，情况进一步恶化了。在农村地区，鸦片贸易造成了银两短缺并带来了通货失衡，还触发了由税赋而引起的叛乱。一种慢性的罪恶，现在演变成了一场不断升级的灾难。

一

本书以下各章，将就历史传统对于中国现代国家特殊性的形成所作出的贡献展开讨论。在我看来，这种特殊性并不是一种"中国性质"（Chineseness）的宿命——似乎"内在的文化特质"使得"中国永远是中国"。这样的循环论证，不会让我们得到关于历史的有意义的认识。每一代人所要应对的，是从先前继承下来、但又同他们所处时代相适应的根本性问题。新的根本性问题会随着历史的发展而出现，但同时，这些问题也会超越最先面对它们的那一代人而存在下去。

本书第一章所提出的问题，涉及到了政治参与的拓展与国家权力之间的关联问题。这一章探讨了魏源的著作。他对一些最为重要的经典文本做了重新阐释，作为扩大国家的政治基础的例证，也以此将同代人从政治冷漠中唤醒过来。在这一过程中，他发展出了一种理性论证，以一种同中国人长久以来关于根本性问题的思考十分相通的方式，将更为广泛的政治参与同国家权力的加强联结起来。终其一生，魏源在经书典章的框架内一直试图协调积极的政治参与和忠君观念之间的关系，并调和道德操行和实际政治之间的关系。魏源的做法表明，经典规约所包含的多种意义，可以通过新的途径来加以重新解释，从而用于应对中国帝制晚期所面临的一系列特殊的两难问题。

第二章通过对于一些平凡官僚以及几位显赫官员如何对晚清改革家冯桂芬的非正统建议做出反应的考察，探讨了公共利益是否能够同政治竞争（亦即所谓"朋党"问题）相调和的问题。在1898年戊戌变法的背景下，他们的反应暴露了人们对于政治竞争所普遍持有的怀疑态度，同时揭示了其背后的原因之所在。个人利益之间的冲突到头来能否同公共利益的维护相协调，曾是在西方被热烈讨论过的问题。在当代中国的根本性议程上，这也是一个几乎处于最前列的问题。这一章在结束时，对这个问题在美国共和制度的早期发展中以何种语言被提出，作了一番历史的回顾。

第三章所讨论的，是地方当局统治中国庞大而复杂的乡村社会的能力持续下降的情况，尤其着重讨论了国家在这一过程中为掌控农村剩余产品、不使其落入中介掮客腰包所做的不懈努力。19世纪因税赋问题而引发叛乱的故事，揭示了清代税赋体系在县一级所造成的无政府状态。以此为背景，我们对20世纪中期中国的农业集体化作为现代国家所采用的一种手段进行了探讨。我认为，在很大程度上，这是为了解决中国治国之道中所面临的农村税收这一两难问题而设计出来的。20世纪50年代和60年代，在中国共产党宏大改造设想的背景下，农业集体化似乎为国家解决农村税收的财政问题提供了一条可行之路，然而，到头来人们为此所付出的代价也是极为沉重的。

第四章所试图追溯的是：随着具有根本性关怀的思想家们对于从外国控制下拯救中国之道的探寻，旧的根本性议程的内容如何在19世纪到20世纪发生了转变。在这一过程中，关于政治参与和权势力量之间、公共利益和私人利益之间以及国家与地方之间关系的老问题，以民族主义和公民权利的新语言被提了出来。然而，当"文人中流"们挺身而出，在通往现代公民权利的道路上以过渡性群体的身份出现时，他们很快便被一系列具有更为广泛影响力的社会群体所取代了——在一种献身于全国性事业的精神指导下,后者积极投入了各种各样新形式的社区活动。虽然说,在旧的根本性议程所用语汇改变的同时,其内容也跟着时代的演进而得到了更新,但其中所包含的带有根本性质的紧张却并没有获得解决,并一直存在到了今天。在人们为探寻如何建立起符合中国人需要的现代国家的努力中,这种紧张构成了成为中国政治底蕴的主题。

第一章　政治参与、政治竞争和政治控制
——根本性问题和魏源的思考

魏源生于 1794 年，卒于 1857 年，大概是他所处时代最具有影响力的政治思想家。梁启超作为政治哲学家和活动家在 20 世纪所起到的作用，魏源在 19 世纪大体上也起到了。魏源的许多意见，其实也是与他同时代的众多政治活动家的看法。从这一意义上来说，与我对梁启超的认识一样，我将魏源视为对于中国现代历史产生过重要影响的一种思想趋势的象征。[1]在这一章里，我将对他思想中与现代国家的建制发展有关的那部分——他关于政治参与和政治权势力量之间关系的论述——加以探讨。

在魏源的政治性著作中，一个始终存在的主题，是全国性政治生活（national polity）的合法性边界问题，也就是如何对地方社区中适合于参与全国性政治的那一部分作出界定的问题。在中国，要划定这一边界从来便是一件复杂的事情，这是因为，在中国帝制时代，同政治权力的分布相比较，受教育者的分布——或更准确地说，文人身份的分布——要广泛得多。

---

[1] 关于魏源的广泛性影响，参见李柏荣：《魏源师友记》（长沙：岳麓书社 1983 年版）。亦参见李汉武：《魏源传》（长沙：湖南大学出版社 1988 年版），第 248－283 页。当然，魏源的影响是通过友人和同僚的网络——而并非像梁启超那样通过公共传播媒介——传播开来的。

这当然不是一种仅仅在中国才存在的现象。然而，这一问题在中国的特殊性在于，自帝制时代之初起，文人们在接受教育时便将考虑政治问题当作自己的天职。而我在这里要指出的是，在中国精英分子的政治使命感中，从来就包含着一种对于全国性政治问题——尤其是对于政府品质和合法性问题——的普遍兴趣。

然而，中国帝制时代官僚机构的狭窄性，又使得文人当中只有很小一部分才能实际参与各级政府的运作。这就是中国教育体制的矛盾之所在：精英教育中至少有一部分，亦即关于国家利益以及全国性统治合法性的历史理论基础的那部分，是要培养人们对于一些相关议题的关切，然而，国家却又希望将他们中的大多数人排除在这些议题之外。担任官职或不担任官职的文人，尽管都有着"文人"的共同身份，但他们实际上所掌握的权力却有着天壤之别。当某人被排除在官场之外时，他或许可以用一种道貌岸然或吹毛求疵的方式，表示这是因为自己不愿意为某一个腐败或缺乏合法性的政权服务。然而，当国家像19世纪和20世纪的情势那样受到外来侵略或内部叛乱的威胁时，文人们再要袖手旁观的话就困难得多了。

那么，政治参与的广泛性是否会对国家的各种权力产生影响？具有自由思想的历史学家们也许会认为，政治参与的拓展意味着中央权力控制者（包括君主本人）将受到种种制约。确实，在魏源所处时代的帝国制度中，在专制权力和官僚机制的常规运作之间保持适当的平衡关系，是使得官员们的仕途四平八稳的一种基本保证。更何况，在国家强制性权力的实施中，国家也不可能随心所欲和冷酷无情到使得文人们赖以为生的社会制度受到损害的地步。在一种基础更为广泛的政治体制中，对于权力予以限制的要求又会获得多么巨大的增长！然而，在魏源所处的时代，那种温良恭俭让和见风使舵的文人风格已显得不合时宜；这个时代所需要的，似乎是这样一个国家：它应当对于外敌更为好斗，对于内患更为残忍。那么，魏源和他的同代人对于国家权力的强化和政治体制的拓展之间的关系又是如何看待的？正如魏源的政论所揭示的，这种关系的特质表明了中国现代国家的起源是如何同中国帝制晚期的根本性问题连接在一起的。

关于魏源的生平与思想，学界已有一些相当出色的研究。[2]在这里，我要加以考虑的是他的传记中同我们现在所讨论的问题直接有关的方面。由于魏源的背景，他对于中国的社会危机极富关切之心。他出生于一个处于地方绅士阶层边缘的小地主与小商人家庭，直接体验到了社会动荡不安（18世纪90年代发生于西部的叛乱）的经济后果，并见证了国家权力对于地方社会的影响。在魏源青年时代的每一个重要时刻，他也十分清楚地知道，对于现存秩序的威胁来自于何方。[3]魏源关于政治问题的理论写作因而牢牢地植根于农村生活的严酷现实，也牢牢地植根于不断弱化的国家所一再经历的危机。

---

[2] 关于魏源的传记包括：王家俭：《魏源年谱》（台北：中央研究院近代史所1967年版）；黄丽镛：《魏源年谱》（长沙：湖南人民出版社1985年版）；以及李汉武：《魏源传》。关于魏源思想的分析，我发现最有帮助的是刘广京："19世纪初叶中国知识分子——包世臣与魏源"，载《中央研究院国际汉学会议论文集》（台北：中央研究院1981年版），第995—1030页；陈耀南：《魏源研究》（香港：昭明出版社1979年版）；齐思和："魏源与晚清学风"，载《燕京学报》第39期（1950年12月），第177—226页；以及新近出版的贺广如：《魏默深思想探究——以传统经典的诠说为讨论中心》（台北：台湾大学1999年版）。有关的英文著作，参见 Jane Kate Leonard, *Wei Yuan and China's Rediscovery of the Maritime World* (Cambridge, Mass.: Council on East Asian Studies, Harvard University, 1984)。

[3] 在为《圣武记》所作的序文中，魏源记到，他出生于苗人于1795年叛乱并遭到镇压的前一年，而在他求学的那些年里，发生了政府对白莲教叛乱及沿海盗匪活动的镇压。他于1813年成为拔贡生，就在这一年，发生了天理教（八卦教）叛乱。参见齐思和："魏源与晚清学风"，第178-179页。

从魏源的政治生涯中所体现出来的，是中国社会秩序所包含的政治模糊性。在为官者和身处官场之外的人们之间，拥有权力的差别太大了，但社会地位的差别却并不是很大。魏源本人直至晚年才出任官职，到最后也只当过不到一年的小官。[4]然而，在19世纪二三十年代，他却在一些为官者的庇荫之下，深深卷入了当时的党争。那些成为他的后台的各省大员，是由于文人相亲的原因或紧密的私人关系而同他联系在一起的。正是由于人们身份认同上的这种模糊性，使得国家得以将诸如魏源这样的处于政权边缘的栋梁之材吸收进来。但是，这种做法也造成了一个令人头痛的问题：如何才能使得这种形式的政治参与在道理上得到人们的认可，从而使得大批处于官场之外的文人能够更为积极地介入全国性的政治活动？在魏源的思考中，这个问题占据了中心地位，而随着近代中国越来越深地陷入危机，对于这一问题的回答具有了更大的迫切性。

由于种族上自我中心的某些原因，对于西方人来说，魏源是一个颇具吸引力的人物。作为中国第一部对西方国家作系统介绍的专论——一部他以鸦片战争期间所收集到的资料为基础而写成的具有战略意义的资讯著作——的作者，魏源由于自己面向域外的现实主义倾向，而被很多西方人视为"具有进步性"。他还编纂了一部有关治国之道原始资料的恢宏之作，因而，在一个众多官员饱食终日、无所用心的时代，人们称赞他是一个具有实际头脑的活动家。魏源相信，历史发展是不可逆转的，他因而又被许多西方人——不管是自由派还是马克思主

---

[4] 魏源于1845年，亦即他中进士的那一年，生平首次担任官职，擢江苏东台县事。次年，他因母亲亡故而以丁母忧去官。三年后，他又出任江苏扬州府兴化县知县。之后，于1850至1853年担任他生平的最后一个官职——正五品的江苏高邮知州。1853年，由于受到政敌参奏，他被解职。参见王家俭：《魏源年谱》，第109、142、147、158、182-183页。

义者——视为一位秉持线性的历史发展观的受欢迎的先行者。然而,在我看来,从理解中国现代国家的角度来看,魏源的重要性却并不在于此。

一位有着根本性关怀的思想家,其才华之所在,应在于他既能够将自己所属社会群体的经验和抱负上升到一般性的层面,又能够赋予他自己特定的世界观以普世性的意义。魏源同各种有着巨大权势和影响的圈子有着极为紧密的关系,但他本人却从来没有获得过权势,这种带有模糊性的地位,也是魏源所处时代许多文人的共同经历。魏源所起的独特作用,是从这样的背景里提炼出一般性意义,并用普世性的语言将这种意义表达出来。值得注意的是,魏源关于根本性问题的论著缺乏对于政治变化具体计划的关注。对于一位因涉及到了盐政和漕运等具体问题而声名卓著的政治人物来说,这一点似乎是奇怪的。然而,对于魏源来说,在更为深入的根本性层面,变化的具体机制问题其实并不是最重要的。事实上,从魏源对于法规可以影响人们行为所持的怀疑态度来看,他的论著应当更能够为伯克所认可,而不是为孔多塞*所赞同。改变建制秩序(constitutional order)的种种计划,还必须等到魏源的后继者来提出。但是,魏源把主要的问题提出来了:国家应如何通过让文人们更为热诚地承担责任以及更为广泛地参与政治,从而在国家变得更加富有生气的同时,也使得威权统治得到加强。对于我们来说,这似乎是一个难以回答的问题,但在我看来,魏源却并不如此认为。

魏源对于根本性问题的思考,其动力在于他关于自己所处

---

* 译者注:伯克(Edmund Burke,1729—1797),英国辉格党政论家。孔多塞(Marquis de Condorcet,1743—1794),法国哲学家、政治家,大革命时期的吉伦特派,主要著作为《人类精神进步史表纲要》。

时代在中国历史上具有独特性的认识。在鸦片战争前夕,他写道:

> 黄河无事,岁修数百万,有事塞决千百万,无一岁不虞河患,无一岁不筹河费,此前代所无也;夷烟蔓宇内,货币漏海外,漕蹉以此日敝,官民以此日困,此前代所无也……举天下人才尽出于无用之一途,此前代所无也……是以节用爱民,同符三代,而天下事患常出于所备之外。立乎今日以指往昔,异同黑白,病药相发,亦一代得失之林哉![5]

魏源何以会写下上述文字?在一个世纪的时间里,中国经历了前所未有的人口增长,由此而带来的,则是生态上的严重后果:对于山坡地的过度开垦,造成了由水土流失而导致的河床的致命淤塞。到了魏源的时代,又加上了由洋人带来的灾难。19世纪20年代,由于世界范围内银两供应短缺,再加上为支付鸦片而形成了白银外流,货币供应因而失序,导致了国内经济的动乱。经济上的危机局势早已触发了农村地区分布广泛的叛乱,而到了此时,又成了国家事务中年年都要面对的问题。因此,在19世纪的头一二十年里,清王朝的统治遭遇到了严重的困难。贪腐丑闻侵蚀了皇位的尊严,异教邪说向清王朝天命所归的正统性以及对地方的控制提出了挑战,河防体系的崩溃使得人们对于清王朝的统治能力产生了疑问。在这样的背景下,对于一个通过军事征服而入主中原的王朝来说,它再也不能忽略自身在文化精英阶层心目中的合法性这样的资

---

[5] 魏源:《明代食兵二政录叙》,载《魏源集》(北京:中华书局1976年版)第163页。

源了。

然而，清廷要想争取精英阶层的支持却并非易事。这是一个受到身处高位的"自己人"牢牢控制的政权。在18世纪雍正和乾隆统治的年代里，文人们在政治上的结合被指控为党争，遭到了坚决镇压。因此，即便在面临19世纪初年的危机局面的情况下，文人们的行为也没有因之而出现突然的变化。要使得这种变化得以发生，精英阶层便需要克服自己根深蒂固的政治犬儒症和学究式的冷漠，尤其需要克服自己对联合起来支持一项共同议程的根深蒂固的恐惧。如何为促成这种变化提供理性的支撑点，便构成了魏源关于根本性问题论著的中心线索。

魏源在这方面的著作收集在《默觚》之中，这是一本包括了他的三十篇得意之作的集子。[6]魏源和同时代的许多政治人物一样，其声誉来自于他作为饱读经书的名儒所取得的成就。他的学术论辩，是以关于《诗经》的一系列研究为根基的。《诗经》是一本古诗集，早在公元前6世纪时便已成为王室的经典文本。到了孔夫子的时代，《诗经》成为人们讨论德行和社会行为时的参照，同时，也成为人们以暗喻方式对强势人物

---

[6] 为这本集子，魏源起了《默觚》这个引经据典的书名。它的一层意思，为"魏源的书斋"，盖因为书名中的"默"，取自于魏源的字"默深"，而"觚"，则为古人用于书写和记事的木简。但"默"字可能又系引自《论语》中"默而识之"一语；而"觚"字，则可能引自汉代一部教孩童读书的字书《急就篇》中的"奇觚与众异"，意为"书写于木简上的与众不同的文字"（《钦定四库全书》，台北：台湾商务印书馆1983年版，第223卷，第4页）。我对陈熙远在这方面的指教，谨此致谢。尽管《默觚》并无出版年月，但据贺广如考证揭示，收入此集的文字应在1824至1855年间写成；所反映的，则是魏源成年后读书时的思考。贺广如还认为，虽然魏源可能在暮年时又对集子作了最后的修订，但整个集子仍应被当作魏源在很长一段时间里思想发展的导读。参见贺广如：《魏默深思想探究》，第237-257页。《默觚》中，包括"学篇"和"治篇"，最初以魏源《古微堂内集》的一部分于1878年出版，以后又重刊于《魏源集》。对台湾中研院近代史所陆宝千先生在我关于《默觚》的研究中所起的指导作用，我深为感激。

提出批判时化解风险的手段。[7]

魏源为自己研究《诗经》的力作《诗古微》所写的序言中，阐明了他何以相信《诗经》的内容同他所面对的根本性问题是有关联的。他认为，关于《诗经》的理解，不应当根据处于主导地位的"毛诗"的路数，遵循传统的"美""刺"之辩的阐释方法而将之视为对于古代某一人物或事件的特指。与此不同，魏源赋予了《诗经》以更具有一般性的意义（用我们的话说，即具有"根本性质"的意义）。在《诗经》的字里行间可以找到当代政治生活的指南，并通过古代人物——包括诗的佚名作者们以及据信对《诗经》作了编删的孔子本人——的道德和政治卓见而体现出来。魏源在这里所依据的，是可以追溯到公元前2世纪的"今文"学派，后世沦入非主流地位。[8]简而言之，这一关于典籍文本解释的学派认为，通过"微言大义"

---

[7] 关于这一问题，参见 Francois Martin "Le *Shijing*, de la citation àl'allusion: la disponibilité du sens," *Extréme-Orient Extréme-Occident* 17 (1995), pp. 11 – 39。

[8] 1770年前后，对于经书的某种异乎寻常的态度——一种以盛行于西汉时期的"今文"经书及其注疏为本的学风——在位于长江下游的常州城的文人学士中发展起来。自汉代以后的很长时间里，以先秦经卷为本的"古文"学派成为主流，也是科举考试的基础。据称，这些"古文"经卷是在孔子故居的夹墙中"发现"的。它们的古籍性质，使得它们获得了为取代"今文"经学所需的"真实性"。尽管"今文"经只是残本，但常州派学者却以据称得孔子真传的《春秋公羊传》为本，赋予"今文"经以正统地位。关于这一问题的简明阐述，参见 Benjiamin Elman, *Classicism, Politics, and Kinship: The Ch'ang-chou School of New Text Confucianism in Late Imperial China* (Berkeley: University of California Press, 1990), pp. xxi-xxx. 又参见 Anne Cheng, "Tradition canonique et ésprit réformiste á la fin du XIXe siècle en Chine: la résurgence de la controverse *jinwen/guwen* sous les Qing," Etudes Chinoises 14:2 (1995), pp. 7 – 42. 出于比较的目的，让我们作这样的假设：如果在公元4世纪时，拉比学者们宣称，他们在耶路撒冷的地窖里发现了一组用古希伯来语写成的文献，其中显示，耶稣其实是一位追求道德复苏的拉比先哲，而他这样做的基础之所在，则是古代犹太教规（就像"古文"经书中的孔子一样），而并非因为他是天使先知；而这种新解释又取代了《福音书》的教义，被罗马帝国当成了正统教规。这会产生何种影响！

式的隐喻表达，孔子学说中包含着试图影响后人的一种先知意向。魏源认为，通过"今文"学派的路数来理解《诗经》，便能够做到"揭周公、孔子制礼正乐之用心于来世也"。[9]如果这样的话，则对于统治者和整个社会来说，《诗经》便将重新获得其作为正统"谏书"而应当起到的作用。[10]

在魏源看来，《诗经》超越了日常政治中的即时性问题，而涉及到了公共生活的特质之所在：这些诗篇所提供的，是构成我们必须称之为"根本性"的问题讨论的素材。魏源从以《诗经》文本为基础的较为狭隘的学术探究中跳将出来的做法，造成了有人指责他的解释超越了证据所允许的范围。按照他所处时代的"考据派"的标准来看，他受到这种指责显然是有道理的。但对于魏源来说，做学问并不仅仅是一种学术活动，也是一种行动的指南。[11]《诗经》不是一件供人考证真伪或把玩的古代青铜器皿，而是黑夜里的警钟！

魏源将诠释《诗经》当作发表政治评论的手段的做法，是符合一种根深蒂固的传统的。在《诗古微》中，他收入了不少学者受到《诗经》启示而写成的文论，这些学者包括他的学术

---

[9] 关于魏源对《诗经》的研究，参见汤志均："魏源的'变易'思想和《诗》《书》古微"，载杨慎之和黄丽镛编：《魏源思想研究》（长沙：湖南人民出版社1987年版），第170－190页；贺广如：《魏默深思想探究——以传统经典的诠说为讨论中心》，第97－162页。

[10] 西汉时期，当身处朝廷的儒生通过利用《诗经》和其他谶言及异兆，而企图在某种程度上控制刚愎自用的君主时，对于《诗经》的意图作宽泛的解释曾是一种相当普遍的做法。然而，即便在那个时候，"古文"派学者已经在诠释《诗经》时表现出了一种更为谨小慎微的态度，避免过于张狂的解释，而是在学术上将《诗》的特定篇章同上古时代具体的人事联系起来。参见陈耀南：《魏源研究》，第73页；又参见 Steven Jay Zoeren, *Poetry and Personality: Reading, Exegesis, and Hermeneutics in Traditional China* (Stanford, Calif.: Stanford University Press, 1991), pp. 83－84。

[11] 陈耀南：《魏源研究》，第79页。

楷模、注重"实学"的乾嘉学派先师顾炎武（1613—1682）、"今文"经学家庄存与（1719—1788），以及经学大师、终生为明朝守节的王夫之（1619—1692）。所有这些学者都根据自己的意向来引用《诗经》，阐述并论证他们自己的社会和历史观念。但同他们相比较，在引用《诗经》于政论时，魏源的诠释更为大胆。

在以《诗经》为例说明公共生活之一般性真理时，魏源显然想到了荀子。这位生活于公元前3世纪的先哲，就像魏源自己所做的那样，以《诗经》片段为典，简明扼要地道出了自己的一段段阐释；同时，魏源显然也想到了"今文"学派唯一未佚失的《诗经》研究，亦即韩婴于公元前3世纪所著之《韩诗外传》。[12] 魏源还承认，他受到了古代诗人屈原以《诗经》为典、"依诗取兴"的传统的影响："善鸟、香草以配忠贞，恶禽、臭物以比谗佞。"魏源所希望的，是发现"诗人所言何志"；他认为，比之那些出于修饰辞章之需而引录《诗经》的后来者，《诗经》原作者们的心性志向更为深刻，也更具有一般性的意义。[13] 魏源坚持认为，《诗经》不可能如正统阐释所认定的那样，最初均为随机所作，以表达对于特定人或事的美、刺或褒、贬；在他看来，《诗经》"三百篇皆仁圣贤人发愤

---

[12]《韩诗外传》约成书于公元前2世纪，是仅存的今文派《诗经》评论。参见 James R. Hightower, *Han Shih Wai Chuan: Han Ying's Illustrations of the Didactic Application of the Classic of Songs* (Cambridge, Mass.: Harvard University Press, 1952)。在《诗古微》中，魏源的意图在于重新发掘出《诗经》以及另两件只剩下残片的今文经书（《齐》和《鲁》）中所隐含的"微言大义"。（齐和鲁为位于孔子家乡山东的两个封国。）在魏源看来，齐、鲁、韩三家诗有着同经典"毛诗"并行的地位，对此，已不能简单地将之视为"今文"派。魏源的基本看法是，有必要超越"毛诗"而达到对于《诗经》意蕴更为深入的理解。参见李汉武：《魏源传》，第221－222页。

[13] 汤志钧："魏源的变易思想和《诗》《书》古微"，第185－186页。

之所作焉"。[14]他因而"以三百篇为谏书"而写道：

> 盖诗乐之作，所以宣上德而达下情，导其郁懑，作其忠孝，恒与政治相表里，故播之乡党邦国，感人心而天下和平。[15]

魏源认为，18世纪的学者们如此热衷于从事的音韵和历史考证，所起到的作用，实际上是使得人们偏离了经书典籍的本来涵义，尤其是偏离了《诗经》的本来涵义。《诗经》更具有超越性的意义；它的"微言大义"之处，在于它能够改变处于颓废与冷漠状态的精英阶层的自我意识。那么，这些"微言大义"究竟如何才能影响到人们的心境呢？魏源写道：

> 无声之礼乐志气塞乎天地，此所谓兴、观、群、怨可以起之《诗》，而非徒章句之《诗》也。[16]

魏源在这里所提到的兴、观、群、怨这四种功能，可以追溯到孔子本人在为弟子们讲解为何习读《诗经》时的看法。[17]它们在孔子时代的含义，一定也表达了孔子本人属于下层精英阶级的身份认同意识，而对他们来说，身为君子，《诗经》应当是文化品行中不可或缺的组成部分。熟记《诗经》的语言，不仅能够塑造一个人内在的社会情操，也能够

---

[14]《魏源集》，第231-232页，引自陈耀南：《魏源研究》，第62页。
[15]《魏源集》，第244-245页，参见陈耀南：《魏源研究》，第62页。荀子和屈原均与楚国有关，湖南古时为楚地，魏源就是湖南人。
[16]《魏源集》，第120-121页。
[17]《论语·阳货》九。

使一个人外在的表述变得优雅。如果我们检视孔子在《论语》中关于这些功能的讨论,便可以看到,孔子并未赋予它们中的任何一种以政治上的特别含义。例如,孔子在谈到"群"时,明确地把它和"党"区分开来。这也许意味着,人们应当以得体的举止与同属于自己社会阶层的其他人进行交往。我们或许很想知道,对于魏源来说,"群"在他积极投入政治活动时是否为他提供了一件得体的外衣。到了20世纪初年,梁启超在写作中便是在一种与此相似的意义上使用"群"这个词的:不受党争羁绊,积极地参与为公共利益服务的活动。

但有一点是清楚的,那就是,在魏源的眼里,《诗经》远不止于是一件精巧的文化样板。在一个日趋没落的时代,《诗经》提供了一种将精英阶层集结起来的力量,使得文人学士得以摆脱无动于衷而做出投入公共生活的决定,从而促使社会从四分五裂走向对于身份和利益共同性的更大觉悟,也促使谨小慎微的沉默为直截了当的意见表述所取代。

魏源对于"什么是政治生活的合法边界"这一问题的探讨,便是他对于《诗经》言辞运用的例证。他的起始论点是,在政治中,真理是以多种形式出现的(至少,世俗生活中尚有待证实的真理是如此):"道固无尽藏,人固无尽益也。是以《鹿鸣》得食而相呼,《伐木》同声而求友。"[18]对于魏源所引诗,人们的一般理解为:"呦呦鹿鸣,食野之苹。我有嘉宾,鼓瑟吹笙。……人之好我,示我周行。"("周行"者,"大道"也。)[19]魏源知道,他的读者们已习惯于将此诗同君主及臣下

---

[18] 《魏源集》,第35页。
[19] 此段法文译文,见 Séraphin Couvreur, S. J. *Cheu King*, 3rd ed. (Sien-hien, Imprimerie de la Mission Catholique, 1934), p. 17。韦利(Arthur Waley)认为,顾赛芬(Couvreur)以朱熹的传统理学解释为基础,其译文是最为出色的。

（被比喻为鹿）之间的和谐关系联系起来。[20]然而，在魏源对《诗经》的研究中，他所突出的，却是鹿与鹿之间的交流。如果正确政策的产生来自于讨论，而不是来自于由上而下的某种单一的源泉，那么，精英阶层就必须克服自己对于在公共事务上相互交换意见以及自己似乎是在组建朋党的恐惧。与此同时，君主本人则必须给予这样的讨论以应有的合法性，而自满人征服中国以来，历代君主对于这种合法性都是拒绝予以承认的。

上自紫禁城，下抵各省都会，必须用广泛征询政策建言来取代由内部人士幕后操纵定言的做法。魏源读《诗经·小雅》中"皇皇者华"一节时，便感叹道："为此诗者其知治天下乎？"盖因为，此节开宗明义所阐明的便是："周爰咨诹……"。[21]

那么，人们尽管操行端正，却仍然可能遭致政治上的失败，对此应当如何解释？魏源的回答是：这些人的致命错处在于，他们对于自己在政治上以一己之力而行事的能力是太过于自信了。

> 以匡居之虚理验诸实事，其效者十不三四；以一己之意见质诸人人，其合者十不五六。[22]

魏源在论及自己所处的、通过征服途径而建立起来的王朝时，用的是影射的方法。他指出，古时，作为征服者的周公通过在被征服的商王朝的整个范围内向名士们求教，为周朝建立

---

[20] 朱熹于12世纪所做的评注到了清代成为儒学正统，他曾写道："如《鹿鸣》之诗，见得宾主之间相好之诚。"（宋）黎靖德编：《朱子语类》（台北：华世出版社1987年版），第2117页。
[21] 《魏源集》，第35页；Couvreur, pp. 177–178。
[22] 《魏源集》，第35页。

起了合法性。由此来看,要使得一个王朝获得合法性,首要之务便在于"得多士之心",而后,"民心有不景从者乎"?[23]

如果掌权者真的应该广泛寻求不同意见的话,那么,他们又应当从何人那里寻求意见呢?魏源对此已有定见:平民百姓除了成为统治的对象,并没有其他适当的政治作用可起,在这一点上,他的看法完全是传统的。然而,士——亦即处于官场之外的文人——的情况就不同了。

那么,究竟何人才能被包括进"士"这一类别呢?魏源肯定不会将那些只是生员的下层精英包括进来。这些人大多是来自乡村或是小城镇的居民,并且也没有获得为官的资格。魏源十分肯定地告诉我们,乡村并不是文人学士的天然居所。"圣王求士与士之求道,固不于野而于城邑也。"在城里,"人萃则气萃,气萃斯材薮焉"。相形之下,乡野环境也许是极不利于学问之道的。

> 山林之气虽清,而礼乐不在,师友无资,都邑学未成之士而即入山中,则去昭旷而就封蔀矣。是以青衿必于城阙,议论必于乡校,闻见广则聪明辟,胜友多而学易成。

如果身居乡间茅屋的生员中真的出现了才学出类拔萃之人,那他就应该被带到城里去,以便让省里大员们对他予以栽培、鼓励。权势拥有者永远不会优先考虑一位乡村学人为自己的幕僚,而更愿意选择一位其关系网和教育背景已让他成为全国性精英阶层一员的城里人。正如《诗经》所言:"出自幽谷,迁于乔木。"[24]

---

[23]《魏源集》第58-59页。
[24]《魏源集》,第61页;Couvreur, p. 180。

尽管魏源本人出身于乡村,但他在省城度过的岁月,尤其是他后来在北京的生活,已使他成为城里人。魏源对于"土包子般的"下层生员的鄙视,在他那个时代以及对于他所属的社会阶层而言,是一件极平常的事情。虽然说,从城市化的程度来说,19世纪的中国甚至比不上一千年前的情况,但是,关于城市精英应当驾驭乡下土包子的看法,仍然在中国政治理论中占据主导地位。[25]

对魏源来说,毫无疑问,所谓文人或"士"指的就是像他自己这一类的人:以他自己为参照,他们是已经获得了为官资格的城里人,但又不居官位(魏源曾谦虚地使用"下士"一词来指自己。当时,他三十二岁,已获得举人身份并已担任过高官们的幕友)。[26] 魏源关于政治生活的适当规模的看法,看来是同这样一个时代相适应的:政治体制的容量远远及不上有着很高教育程度的人们的数量,无法吸收他们的才干和想法。让我们把受到魏源大力推动去参与政治的这一批人,称之为"文人中流",以便把他们同人数要多得多、地位则要低得多、也为魏源所不相信的广大"生员"阶层区分开来。在魏源的心目中,"文人中流"大概就是像他这样的举人一类的人——虽然身处官场之外,但他们在实际上构成了一个全国性的精英阶层。

然而,要获得"文人中流"们的拥戴却并不是一桩简单的礼仪公事。魏源的一贯看法是,政府若要制定正确的政策,就需要持有不同观点的人们相互之间展开竞争。关于政治真理产

---

[25] 关于中国城市化的程度,参见 G. William Skinner, ed. *The City in Late Imperial China*, pp. 28 – 29。
[26] 《魏源集》,第 398 页。魏源记到,一旦他通过获得举人身份而入"中流"(即获得了为官资格),他便被认为自己已有资格出任幕友并起草关于公共问题的策论。

生于不同观点之间冲撞的设想，确实是西方的一种为鼓励言论自由并证明其正当性的说法，而且也不是建立在天赋人权的基础之上的。虽然说，魏源在这里要说明的并不是"言论自由"的合理性，但他已经强烈地暗示，不同意见之间的竞争能够帮助专制君主更为有效地作出决策。"智士之同朝也，辙不必相合；然大人致一用两，未尝不代明而错行也。"这真是一幅关于谋士的完美图景！然而，魏源接下来又就我们有无能力洞悉政治的绝对真谛，提出了更具有一般性意义的质疑。诚如《诗经》所言："泾以渭浊，湜湜其沚。"[27]《诗经》的这一段，常常被用来抨击君主喜新厌旧的不当行为。魏源则提出了更具有一般性意义的解释：人们只有通过比较以及在与之相关的语境中，才能掌握政治的真谛。

当然，对于久已抱着一种守势心态的掌权者来说，他们所面临的，是一个会让任何"外来者"都感到焦虑的问题。僵硬的政策导致了官员任命的冻结状态，而对于处于政治边缘地带的人们来说，这绝不是一种好的政治环境。魏源同意今文学派关于政治领导应具有大胆风格的看法——如同今文传统中的孔子以及他本人的风格那样。他还相信，当国家处于紧急状态的时期，这样的英雄式的领导作用是必不可少的。对于魏源来说，这种救世式的观点意味着，在一个极端危险的时代（他知道，自己正处在这样一个时代），循规蹈矩之人或"能臣"完全不适于担任政治领导人。这个时代所需要的是"才臣"，也就是那些有着远大目光和坚定决心的人。[28]在这些人中，他当然会把自己政治上的亲密朋友和支持者、触发了鸦片战争的激进禁烟派首要人物林则徐（1785—1850）包括进去。在另一种

---

[27]《魏源集》，第50页，Couvreur, p. 40。
[28]《魏源集》，第54页。

背景下，用英雄式领导人取代循规蹈矩的官僚的做法，其剧烈影响也许会造成革命性的后果。魏源所想的，当然不是革命，而是一个更具有活力、也更为强大的中央集权国家——一个能够更为有效地处理各种内忧外患的国家。（这种关于领导者的看法，并非仅仅适用于今文学派的人物，这一点，很快便从曾国藩身上表现了出来。作为将大清王朝从内乱中拯救出来的儒帅，曾国藩一直谨守古文学派的传统。）

从文人学士自身的角度来看，他的责任在于为投入公共服务而做好准备。而在魏源看来，科举制度不仅无用，甚至有害（他本人直到五十岁时才京试及第）。经由科举考试的本本说教而培养出来的文人，焉能使得当今时代的风险得到有效的掌控？作为替代之道，文人学士们应当培养起一种务实的、孜孜不倦的探究精神，而不可空言"王道"。若只是"口心性，躬礼义……而民瘼之不求，吏治之不习，国计边防之不问；一旦与人家国，上不足制国用，外不足靖疆圉，下不足苏民困，举平日胞与民物之空谈，至此无一事可效诸民物，天下亦安用此无用之王道哉？"[29]

魏源受他的好友与支持者、具有改革思想的封疆大臣贺长龄（1785—1848）的委托，纂辑了一部关于为政之道的大型工具书，于1826年出版了《皇朝经世文编》，意在鼓励文人学士对诸如为政之道之类的实际问题产生更大的兴趣。尽管这本集子是以文人中流们的文论为基础的，但事后想来，从当时存在的大清帝国体制的角度来看，出版这样的书似乎还是有着某种危险性的。像这样的对于人们好奇心的邀约究竟会带来何种好处？高层政治难道是处于官场外的人们所应当过问的吗？

如果没有来自高层官员的庇护提携，这种促使文人中流们

---

[29]《魏源集》，第36页。

投入政治的呼吁是无论如何也不会发生的。我们知道，像贺长龄、陶澍（1779—1839）和林则徐等声名显赫的封疆大吏，作为掌管大清帝国财政中心长江下游各省份的重臣，都试图要打破诸如盐政和漕运之类的官场怪物——这些机构的管辖地盘是跨越省际的，而它们的巧取豪夺又造成地方社区走向瓦解。毫不奇怪，这些大员们需要争取身处官僚机构渠道以外的文人们的支持，而魏源的想法则得到了他们的背书，也就不值得大惊小怪了。这种做法，早在19世纪20年代便已经存在，并成为十年后文人们因鸦片问题而群情激愤的前奏。[30] 在上述两种情况下，政府对于不在官位的文人积极参与政治活动的压制，逐步失去了势头。取而代之的，是对于文人们卷入政治的有选择的鼓励。

一

当我们的讨论到这里时，有人会觉得，可以将魏源所设想的文人们更为广泛的参政同向着公民社会的过渡联系起来——这将最终导致整个社会中政治权力的更大扩散，我们不能责怪他们。然而，正是在这里，我们可以体察到中国政治议程自身所具备的力量。

在清征服者的统治下，经过两个世纪之久的国家建设，中央集权的王朝机制的精致化已达到了中国历史上从未有过的程度。从魏源的角度来看，清王朝的问题在于它是由极少数人来治理的，而且也不一定是最优秀的极少数人；各种狭隘的权力圈子对于国家所面临的问题越来越忽视；朝廷对于派系争斗的敌意将精英阶层的风骨削弱到如此程度，以至于使得一个派系

---

[30] 关于对这一观点的具体论证，参见 James Polachek, *The Inner Opium War* (Cambridge, Mass.: Council on East Asian Studies, Harvard University, 1992)。

(和珅的派系)能够在实际上把持了朝政。

在这两个世纪的时间里,文人们见证了使得中央集权国家对他们来说变得更为重要的社会变化。由于他们的社会地位并非建立在身份世袭的制度之上,归根结蒂,他们的精英身份和在地方上的利益,除了国家以外再没有其他什么力量可以予以保护的了。他们家庭的经济前景依赖于他们能否获得功名和官职,而这只有国家才能给予他们。在清统治期间,中国人口增加了三倍,由此而造成的对于社会稳定的威胁使得精英阶层的地位变得尤为软弱。在这个当口,威权统治非但不应当受到削弱,反而应当得到加强。在清王朝的最后几十年间,这一点随着西方侵略使得民族主义成为精英政治的中心问题,不断地表现出来。

正如我们已看到的,魏源认为,开明的城里人和循规蹈矩的乡下人是不一样的,而这其实是一种极为平常的看法。(在本书第三章还要论及,直到今天,这种看法仍然一直被保留了下来。)魏源固然主张城里的文人中流们应当被更为广泛地吸纳到政治精英层中来,但他却没有同时提出关于政治包容性的更具有一般性意义的理论。我们由此可以想见,魏源的看法远远谈不上是以人们的天赋权力为基础的某种一般性理论。事实上,魏源之所以主张广泛性的政治参与,其理由并不在于这关乎正义,而在于这将有助于政府的有效性。

从一种西方的角度来看,中国情况的独特之处正是在这里表现出来:魏源在谈到更为广泛的政治参与时,一再地将之同加强国家权力、而非限制国家权力联系起来。让我们看看这方面的一个例子:他要求文人们将他们自以为颇具原则性的对于务实政府的厌恶态度放到一边去。

魏源知道,要激励文人中流们的政治欲望,他就必须面对满人统治者长久以来在他们身上所造成的根深蒂固的犬儒症,也必须面对某些文人对于实际政务在道德上吹毛求疵的态度。此类态度,既可以归咎为对于纯粹做学问乐趣的一门心思的追求,也可以归咎于关于"王道"在现实世界中根本无法实行的认识。魏源的论点,直接涉及到了手段和目标之间的关系问题。他认为,治理政府的实际才能——不管是农业、税收、国防或法治——其实同古代哲人先贤的心之所在更为接近:

> 禹平水土,即制贡赋而奋武卫;……无非以足食足兵为治天下之具。[31]

那么,魏源的文人同僚们对于实际政务的鄙视又是从何而来?魏源的结论是,这是来自于一种误解。孟子是最出名的孔门弟子,他曾强调,为政之本应是统治者的道德行为,亦即"王道"之表征。相形之下,春秋时期的"五霸"身为德行欠缺的军事强人,则是武力强大而合法性薄弱的典型。魏源写到,后世文人根据王、霸之分而认为,道德品质比实际的治理才能有更大的价值。在魏源看来,这样做的结果,造成了文人们"遂以兵食归之五伯"。[32]

然而,魏源坚持认为,王道并不是道德的空谈,"王道至纤至悉,井牧、徭役、兵赋,皆性命之精微流行其间"。在他看来,事实上,"自古有不王道之富强,无不富强之王道"。[33] 魏源所谓的"富强",指的是国家而非个人的"富强",这也正是19世纪后期推动自强运动的官员们的看法——他们试图引进西方技术,并以此来挽救已是奄奄一息的清政权。

---

[31] 《魏源集》,第36页。
[32] 同上。
[33] 同上。

那么，王道和霸道之间的区别是否便是没有意义的？魏源对于这一问题的回答是直截了当的："王伯之分，在其心不在其迹也。心有公私，迹无胡越。"[34]

从字面上来看，魏源说的是，如果文人们还有任何道德良知的话，那么，他们的道德操守便不会为政务和军务中的肮脏勾当所泯灭。但若推而广之，则魏源的意思是，威权政府有自己的军队、法庭和税收机构，但对它的评判必须以它的目标而不是它所拥有的手段为标准。即便是严厉和无情的统治者，只要他的意图是良好的，那他便不应当受到谴责。

那么，我们是否应当把魏源当作一个无情的实用政治的鼓吹者——一个相信人们丑恶的本性只有通过"奖惩"的方法，亦即通过古代法家的方式，才能得到控制的人？在我看来，他其实更接近于中国帝制时代选择性地吸收了法家传统的儒学主流。奖励与惩罚都有着自己的一席之地，但这主要对未经教化的黎民百姓来说才是如此："刑以坊淫，庶民之事也；命以坊欲，士大夫之事也；礼以坊德，圣贤自治之学也。"[35]

进一步来看，政府的权力有着天然的限制："强人之所不能，法必不立；禁人之所必犯，法必不行。"若是"求治太速，疾恶太严，革弊太尽"，对于法规作突然和激烈的改变，"亦有激而反之者矣"。[36]魏源生活于人们头脑相对来说还算清醒的前现代，大家知道，政府不可能指望对人性作根本的改造。联想到当今中国将强大的政府权力和企业家经济（社会主义市场经济）混合起来的体制，魏源关于强势政府和具有活力的私人经济完全合拍的看法，是值得我们注意的。事实上，他把商

---

[34]《魏源集》，第36页。
[35] 同上书，第45页。
[36] 同上。

人们对于利润的追求视为公共政策的一个基本的组成部分。从属于官方管辖的经济领域（如盐税和漕运），也许由私商来管理会更为有效，而这到头来对国家是有利的。魏源相信，将粮食通过海路运往北京，而不是经由大运河来输送，将能够受益于自17世纪后期起便获得了空前发展的沿海地区的商业，并因此而促使商人企业发生成为公共利益的质变。开发矿业所需的投资，从私商那里比从政府金库那里更容易筹集。魏源和很多与他同时代的人们一样，承认市场对于社会行为所必定会发生的影响。例如，靠政府来发行纸币看来是没有什么用的，这是因为，即便这是来自皇上的诏谕，也不能强迫人民接受它。[37]

然而，值得注意的是，魏源对于强制行动的态度却并不刻板，他认为，统治者手中的权力就是要来用的："操刀而不割，拥楫而不渡，世无此蠢愚之人。"[38]当魏源苦苦思考着他所处时代迅速扩展的危机时，他将希望寄托在两种设想之上，而在他看来，这两者又是相互契合的：第一，促使文人中流们在更大范围内投入政治活动，第二，实行不回避霸道行为的威权主义——归根结蒂，强势人物虽为崇尚道义的儒学史家所鄙视，但却很知道如何来维护秩序。

魏源于1857年逝世后不久，一些被我们同中国现代政治联系在一起的"独特课题"出现了。其中之一是"清议"，它以高层官员对洋人采取绥靖态度为理由而将他们当作批判的对象。在鸦片战争后，这种"局外人"挑战"局内人"的震撼便开始了，然而，只是当它同现代民族主义联系在一起时，它

----

[37] Lin Manhong (Lin Man-houng), "Two Social Theories Reveals: Statecraft Controversies Over China's Monetary Crisis, 1808–1854," *Late Imperial China* 12.2 (December 1991), pp. 14–15；《魏源集》，第423页。
[38] 《魏源集》，第38页。

才成为一种重要的政治力量。另一个题目,是将西方的技术嫁接到儒家文化基础上的努力。这种努力本身,便明显地表明了一种关于现代技术在文化上处于中立地位的看法。如果王道和霸道只能通过意图而不能通过行动来加以区分,如果一个文人可以投入政府具体的实际活动而不至于使他自己的道德特质受到损害,那么,伦理和文化也就同政府施政的技术性细节有效地隔离开来了。从政治治理技巧的伦理中立到机器技术的文化中立,也就是一念之差而已。在"自强"的倡导者当中,很多人对魏源赞誉有加,他们相信,从本质上来看,儒家文化的"体"是不会被西方技术的"用"所攻破的。虽然魏源没有能够活着看到自强运动的兴起,但我们仍然可以设想,他是不会为上面这样的假设而感到焦虑不安的。

政治参与的拓展原来可以并应当同国家权力的加强如此自然地结合在一起,这就向我们提示了中国现代国家起源的独特性和本土性。国家的富强,文人更为广泛的政治投入和参与,这两者(以及两者之间的联系)本来便已经是中国帝制晚期根本性议程的题中应有之义。虽然说,两者都并非来自西方的鼓动,但中国人很快便会通过取法西方(以及日本)促成它们的实现。在下一章中,我们将讨论西学之"用"如何影响了19世纪另一位富有影响力的思想家——冯桂芬,以及西学之"用"如何同中国某些更具有专制性质的传统发生了冲突。

第二章 从太平天国事变到戊戌变法
——冯桂芬与历经磨难的变革进程

魏源入土后还不到五年，中国便成了西方列强的附庸。清廷只有通过接受洋人在商业、外交以及传教上的特权，才能够得到喘息时机，并获得来自西方的武器，从而挫败当时已给中国内地带来巨大破坏的叛乱活动。1860年，当清廷接受洋人条件的时候，这也成为中国根本性议程发展历史上的一个重要转折点。

这一年，在英法联军进入北京以及1858年《天津条约》获得批准后，清廷与英法等国签订了《北京条约》。要理解"1860年解决方案"的重要性，我们必须将中国根本性议程的确定视为一种累积性的过程，旧的问题还没有得到解决，新的问题又产生了。一些有识之士很快便意识到，即便凭藉西方的军事技术而将叛乱镇压下去，旧的根本性问题仍然有可能会由于西方政治术语的使用而出现。1860年春，很多来自长江下游各省份的文人们来到开埠后的上海避难，其中一位，便是魏源的老友冯桂芬。当太平军进攻冯桂芬的家乡苏州时，他于1860年5月从那里逃了出来。虽然他在已成为西方势力与影响主要滩头堡的上海只待了不到一年，但这已足以使他对西方的一些政治观念有所了解，而在他看来，这些观念同他长期以来一直在思考的中国国内问题有着相通之处。

冯桂芬生于1809年，卒于1874年。西方历史学家们出于种族上自我中心的原因，对冯桂芬如同对魏源一样十分赏识，赞誉他为自强运动——亦即清政府将西方技术嫁接到中国文化基础上的努力——的先驱人物。然而，在我看来，就对中国根本性议程发展的意义而言，冯桂芬的贡献却在于他为改造陈旧的根本性议程所作出的努力。

冯桂芬和魏源在观点上的不同之处，不仅在于他着力将魏源只是在理论上探讨的问题具体化，还在于他从西方政治思想的角度来看待属于中国根本性议程的诸种问题。虽然西方历史学家谈到他时所强调的，往往是他对于西方机械技术的赞赏，但如果我们仔细考察他在上海时期的著作，便可以看到，其实更吸引他的是西方的政治话语。考虑到他的背景，这只能以他在思考中国内部问题时的全身心投入来加以解释。

即便按照苏州的标准，冯桂芬亦属于成名颇早和聪慧异常之人。他在三十二岁时便高中进士一甲第二名，获授翰林院编修。同友人魏源的经历相似，他在北京度过的岁月使得他超越了省里的出身背景，将自己同全国性的同僚关系网络连接在一起。（因此，仍然把冯桂芬当作苏州地主，如同把毛泽东当作湖南农夫一样，是没有意义的。）[1]同魏源一样，冯桂芬将自己视为一个全国性的——而不是属于某个省份的——精英阶层的一员；他对于根本性问题的思考，其实质也在于将自己由省里带来的种种问题纳入到涵盖全国的框架中去。这两个人同他们在官场中的支持者一起，卷入了一个改革圈子的活动，而使得圈子参与者们走到一起来的，则是两种相互间有着紧密联系的共同关切：凸显在前面的，是对于外来威胁的忧虑；处于背景地位，

---

[1] 参见 James Polachek, "Gentry Hegemony: Soochou in the T'ung-chih Restoration," in Frederic Wakeman and Carolyn Grant, eds., *Conflict and Control in Late Imperial China* (Berkeley: University of California Press, 1975), pp. 211–256。

则是对于似乎更难对付的长江流域各省份经济灾难的关切。

18世纪商业的大规模发展和人口的巨大增长,在生活的所有领域——也包括政府内部——都引发了经济上的竞争。政府的商业化,是随着中介掮客同税收体制结合的过程而发生的(参见本书第三章的相关讨论)。对于农业的不加抑制的税收,在造成了纳税民众贫困化的同时,也从国家那里分走了收入。在这方面的所有责任者当中,行为最为恶劣的,是在京师运作的漕运司的官员们,这实际上是一个无论在官方或民间都为所欲为的税收机构。19世纪40年代,漕运已经引发了一系列的小规模地方叛乱。在那些税负最为沉重的省份(包括在这方面恶名昭彰的冯桂芬的家乡苏州地区),其精英阶层有理由相信,情况只会变得越来越糟糕。

虽然说,地方官员们也是这一制度的受害者,但他们却同时成为农民们发泄愤怒的主要目标。1849年,冯桂芬回到苏州,他注意到了正在地方社会暗暗燃烧的导火索:"州县敛怨于民,深入骨髓,一旦有事,人人思逞。"〔2〕确如冯桂芬所言,仅仅在短短几年之间,太平军便在长江流域心怀不满的农民中大规模地招募士兵了。

对于魏源和冯桂芬来说,文人们更为广泛地参与政治,将成为国家活力增强的源泉,而这是为抵御西方所必需的。他们或许还把这当作铲除漕运司固有利益的一个支点。我们已经看到,魏源一门心思地要为此而组织起最为广泛的支持力量,并为之提供一种可以为人们所接受的说法。然而,魏源是在非常一般的意义上来处理这种带有根本性质的问题的。魏源于1857年去世后,比他年轻十五岁的冯桂芬在面对中国所遭遇的独特危机时,不得不以更为具体的方式来处理这些根本性问题。

---

〔2〕 冯桂芬:《显志堂集》第5卷,第21页(1849年信件)。

冯桂芬收入《校邠庐抗议》的四十篇论文,显然是他到上海后的那一年间所写成的,其中包括两类建议。[3]第一类建议,涉及到了对于政府运作实行技术层面的大张旗鼓的改革,这既包括工程技术方面的改革(例如,改变黄河的走向),也包括财政上的改革(例如,削弱漕运司的权力并实行对于传统盐政的改造)。第二类建议,则涉及到了既在官僚机制内部、又在官僚机制外部重新调整政治权力和政治地位的建制层面的改变。上述技术层面的建议,同19世纪二三十年代的改革者们所提出的议程有着相通之处——当时,也正是林则徐和魏源等人在省府里相当活跃的时期。但上述建制层面的建议,则显然要激进得多,并毫无疑义地带上了受到西方影响的印记。[4]

---

[3]《校邠庐抗议》的书名,从字面上解释,意思是"在研究周朝典故的茅屋中发出的抗议"("邠"是周征服者的发源地)。这里所引用的,是1897年那个较容易得到的版本(台北学海出版社1967年重印)。冯桂芬的自序,日期标为1861年11月。他在这一年所写文章的确切数目难以确定。冯桂芬曾于1862年将文稿抄送曾国藩,而曾则在日记中提到,文章的数目为"四十二篇"或"四十篇"(曾国藩日记,1862年11月8日和1864年12月14日)。冯桂芬本人可能在送出文稿时对文章做过挑选,没有将提出了激进建议的几篇文章(其中也有本章以下将讨论的两篇)包括在他的文集内,而这个集子是他准备留待后世评论的。由冯桂芬儿子所编的1884年的一个版本包括了四十篇文章,这也许就是最初收入文章的数目。1897年的那个版本又多收入了十篇文章,其中的八篇来自于冯桂芬的文集,1876年的《显志堂集》校邠庐版(台北:文海出版社1981年重印本)。对刘广京在这一问题上的指点,我谨此致谢。

[4] 关于冯桂芬思想受到西方思想影响,也是他的同代人的看法。例如,1863年春,身为曾国藩幕僚的赵烈文在读了冯桂芬的文章后表示,冯关于官员选举的建议,其实是一种"夷法"。然而,在赵烈文看来,冯桂芬文章中关于乡村官员的看法只不过是承继了顾炎武的想法,而冯桂芬本人对这一点也是承认的(参见赵烈文:《能静居日记》,台北:学生书局1964年版,第1119—1120页)。1993年发表于北京的一篇关于这一问题的权威论作强调,冯桂芬对于西方的兴趣远远超出了纯粹技术的层面。然而,作者却没有提到冯桂芬关于高层官员通过选举产生的看法(丁伟志:"《校邠庐抗议》与中国文化近代化",载《历史研究》1993年第5期,第74—91页)。

由于近年来相关档案资料的发现，使我们在试图理解冯桂芬的著作时得以另辟蹊径。冯桂芬辞世四分之一世纪之后，在1898年由戊戌变法而带来的大变动的过程中，年轻的光绪皇帝对于变革充满着向往，他欣赏冯桂芬的文章已经颇有些年头了，因而下诏，要京官们传阅并批注冯桂芬的《校邠庐抗议》。京官们的批注原文都保存在清宫档案中，从而使我们有机会看到，一些在政治思想上循规蹈矩的官员们是如何看待冯桂芬的意见的。[5]

事实上，当我们试图理解晚清建立君主立宪政体时所面临的困难时，正是由于这些批判性意见所带有的传统性质，使得它们对我们来说变得极有价值。中国现代国家的演变过程表明：正是这些在建制问题上承袭传统的看法，而不是那些激进的意见，在中国近代历史上占据了主导地位（如果毛泽东还活着并被问到这个问题的话，他大概也会承认这一点的）。即便在今天的中国，冯桂芬的看法亦属于激进之论；通过京官们对他的看法所发表的评论，我们所看到的，是冯桂芬不同寻常的意见对于帝制晚期的大多数官员所产生的影响。尽管京官们对冯桂芬并没有持整齐划一的敌对态度，我们仍然可以从他们的某些反应中看到，当问题所涉及的是带有根本性质的种种原则时，他们所表现出来的是极度的敏感。我认为，由冯桂芬建议所发出的警报，并不仅仅意味着建制变化的一些必经步骤遭遇了暂时的挫折，更在于它证实了中国公共生活中一些具有持久

---

[5] 这批档案资料，最初由李侃、龚书铎在"戊戌变法时期对《校邠庐抗议》的一次评论——介绍故宫博物院明清档案所藏《校邠庐抗议》签注本"（载《文物》1978年第7期，第53-59页）一文中述及。我所接触到的，只是这些档案资料未注明页数的抄件，在引用时则一概称为"签注"，并相应地标明每件作者的名字。北京第一历史档案馆最终是准备出版这些档案资料的。关于冯桂芬政治思想的相关讨论，参见吕实强："冯桂芬的政治思想"，载《中华文化复兴月刊》，第4卷第2期（1971年），第5-12页。

性质的基本价值的存在。

在这里,我将以《校邠庐抗议》中的两篇文章所引起的反响为例,来探讨当时的讨论。这两篇文章,一篇同全国性的职官制度有关,另一篇则涉及到了地方问题,都体现了冯桂芬在宪政问题上的基本看法。冯桂芬在《公黜陟议》中主张,应当通过由下层官员选举上层官员,来扩大政治参与。他在《复乡职议》中则提出,应当在乡村中建立更为密集的政治控制的基本机制。在中国现代政治历史上,更为广泛的政治参与和更为密集的政治控制,都是极为重要的因素。然而,在冯桂芬身上,这些因素却是源于一些在中国历史上久已存在的根本性关切。

在《校邠庐抗议》的四十篇文章中,《公黜陟议》位居首篇。这篇文章的涵义极为广泛,这似乎表明,在冯桂芬看来,它为以后诸篇文章建立了讨论的前提。[6]当时的做法是,官员们先通过文字考试而获得为官的资格,再根据少数高层官员的判断,从他们中间选拔任命官员。冯桂芬则提出,这样的做法"岂不以才德虚而无据"?他要求人们对这个问题作出回答。很显然,"千百人之公论"应该是衡量官员是否具备为官资格的更为可靠的尺度。冯桂芬因而建议,六部九卿和各省知府以上的官职,应当由官僚机制中的广大成员来提名举荐,甚至还应该要求下层官员每年都提出六部九卿的候选人。"吏部藉之以得举多少为先后,遇应升缺列上,其无举者不得列。"冯桂芬还建议,提名推举地方官员的权力,则应当分布得更为广泛,甚至将生员和乡村中的长者也包括进来。

冯桂芬认为,这种做法将起到削弱高层官员们任用私人权力的作用,从而在某种程度上使得处于朝廷最高层的官员们对

---

[6] 冯桂芬,《公黜陟议》,载《校邠庐抗议》,第1—2页下。

61 于整个官僚机构负起责任,同时,这也会促使地方官员对地方社区的精英阶层负起责任。然而,冯桂芬并没有明确地提出代表权的问题,也没有提到权力制衡的问题。

冯桂芬不承认上述建议的提出受到了任何外来思想的影响。事实上,他还引经据典,以表明自己的意见同中国先贤哲人的看法有着一脉相通之处。然而,一番寻索追根,便把他的底给露了出来。他主张,在衡量各种意见孰轻孰重时,应当根据"得举多少"来做出决定。在中国政治统治体制中,再没有哪种做法会比平权计票和传统更为格格不入了。这里的原因十分简单,说到底,由于德行和教养上的差异,人与人是各不相同的,因而一个人的看法同另一个人的看法无疑是不能等量齐观的。然而,我们在对魏源思想的探讨中,已经注意到了构成中国社会结构底蕴的一种谜样的悖论:尽管文人们之间在政治权力分配和政治地位上是不平等的,但在文化上,所有文人又享有某种平等的地位。在魏源和冯桂芬为扩大政治参与所作的努力中,他们都强调了文人身份中所有人在文化上具有共性的一面。在我看来,关于文人们对于公共生活的共同关切具有合法性的看法,在中国近代早期的政治发展中,在某种意义上是一个十分重要并起到了承上启下作用的概念。要不了多久,民族主义便会成为人们身份上共同性的一个新的组成部分:那就是,一个同全国性政治实体(亦即民族国家)连接在一起的社会里的社会共同成员身份(亦即公民身份)。民族国家是一个更具有可变性的概念,它不仅以一种不确定的方式伸展到普通中国人中去,到了 19 世纪后期,更在中国面临亡国灭种恐惧的影响下被激发出来。

62 虽然说,1898 年京官们对于冯桂芬的这一建议几乎持清一色的敌对态度,但反对的理由却并没有拘泥于细枝末节,而是以公共利益高于私人利益、原则立场高于机会主义的言辞表达出来的。在持反对意见的人们看来，如果像这样将权力转交到精英阶层中处于较低地位的那些人手中，那么，本来应该客观公正的官员任命程序就会受到私人利益的侵蚀；如果国家依赖于地方官员的意见来决定某一高层官员是否应该得到升迁，那么，下层官员在面对这位官员时便可能"无论瞻顾情面"，甚至利用这样的机会来对他予以"挟制"。[7]高层官员负有对下属的功过作出公正评价的责任。如果他们"一秉大公，自可收得人之效"。[8]

对冯桂芬持批判态度的人们还提出，私利的追求又不可避免地会导致朋党的产生。而人们一旦通过拉帮结派来"党援标榜"，由栋梁之才获得官位的机会就变得微乎其微了。事实上，一旦任命官员的权力落入朋党手中，"质朴"之人便会默默无闻（这些人从本能上便是与朋党活动格格不入的）。[9]只有少数地处高位的官员们才能够保持客观的看法，而引入一大批文人，只会使得官员任命时所需的客观性荡然无存。到头来，为就任新职而"弹冠相庆"的将不可避免地都是一批"巧宦者"，而那些诚实谦逊、胸怀抱负的人，则不管有多少优点，也不会有出任官职的机会。[10]

李鸿章早在冯桂芬客居上海的岁月里便认识他了，一向对他提携关照，此刻也对冯桂芬的建议提出了尖锐的批评。李鸿章提出，如果举荐官员的权力延伸到下层文人那里，则"人各有私，徒淆视听"，而真理便会永无出头之日。由于高官们本来便已经负有对下属进行考察并评估的责任，他们也就应该拥有对下属予以升迁或惩罚的相应权力。李鸿章写到，高官们不

---

[7] 《签注》，赖清键批注。
[8] 《签注》，延清批注。
[9] 《签注》，王振声批注。
[10] 《签注》，溥岳批注。

第二章　从太平天国事变到戊戌变法

偏不倚的立场不应当由于受到来自下属的压力而动摇。他还在评论冯桂芬的建议时表示：

> 其意盖欲效美国议院之举官，不知其弊也。下行私，上偏徇，甚者至以贿求；彼国识者，已深訾之矣。[11]

冯桂芬的批判者们所担心的，并不是传统的官员任命权力在抽象意义上的缩小，而是出现一个为派系争斗所主导的政治体制，人们则为了谋利而绞成一团，并在追求纯粹的个人目的时达到忘乎所以的地步。他们固执地认为，在这样的体制里，露出头来的将不是精华，而是糟粕。这种恐惧，在一个拥有特权的狭小精英集团身上实在是根深蒂固的。这个集团以士大夫们关于教育使人们得以超越猥琐及私虑的设想为前提，来看待自己对于政治权力的垄断。他们因而认为，高官们既然是通过教育的特定途径而获得为官资格的，那他们也必定比那些在自己之下的人们对于公共利益有着更为纯正的认识。当然，例外的出现是不可避免的，但这只能通过现行制度来处理。从理论上来说，在现存体制里，所有上级官员都对于由自己举荐任官者的行为负有个人责任，也有着在下属行为不轨或不称职时加以处理的义务。在体制的顶端，由于君主本人从道理上来说对任何人都无所亏欠，他也就能以纯粹为国家考虑的态度来主导体制。偏颇行为和派系活动在实践中固然猖獗，但这种行径在理论上并没有被接受。

在关于官员任命的建议中，冯桂芬赞成让下层官员和地方文人发挥更大的政治作用。在我下面将要讨论的冯桂芬的第二篇文章中，他的矛头直指掠夺成性的中介掮客——这些盗贼般

---

[11]《签注》，李鸿章批注。

的人物将挤入地方政府当作生财之道，搞得地方社会险象环生。《复乡职议》一文，是冯桂芬受到古代一件为人熟知的史事启发后有感而作。秦汉时期，政府在对乡村的治理中将"乡"和邻里结合起来，形成了一种实行乡村控制的有效网络，冯桂芬视为导师的顾炎武在17世纪时便对这一体系推崇备至。

在中国长期的帝制历史上，没有哪个根本性问题比之什么是统治乡村地区的适当方式引起过更为激烈的争辩了。国家利益和地方社区利益应当如何保持平衡？各种自然产生的社区性组织（如宗族、地方宗教、村中长者等等），是否是维持社会秩序并促进国家昌盛的最好手段？有没有必要动用受到政府监督的保甲体系，或应当借助于某种更为分散的体系？如何才能使地方精英的权力"社会化"，从而使之与国家的目标并行不悖？到了19世纪，由于人口增长所产生的压力，经济的动荡不安，以及平民百姓中暗暗积累的骚动情绪，使得所有这些问题都具有了紧迫性。

冯桂芬压倒一切的关切，在于通过乡村税收制度的合理化来阻止叛乱的发生，我们对于他关于乡村治理的建议，也必须从这一视角来加以理解。作为关键性的第一步，必须限制漕运司的特权并打破它的权力。然而，即便税收改革得到了实行，也解决不了如何使官员和普通百姓达成和谐的问题。要控制农村中的反叛情绪，就需要一种机制，以便建立信任，调处各种官司案子，并使危机得到消融。冯桂芬的解决办法，是由乡民们自己通过投票来产生某种新的中介力量。

同魏源一样，冯桂芬受到了生活于17世纪的学者顾炎武的著作的启示。顾炎武有一段名言："大官多者，其世衰；小官多者，其世盛。"这段话被认为虽值得赞赏却不切实际。（有什么办法才能养活那么多的小官，并管理他们?)[12]然而，冯桂芬却相信，由中国人口过多的乡村社会所产生的压力所决定，仅仅非正式地将权力交付给地方上的头面人物是不够的。解决的办法当然不应该是扩大胥吏的人数——在冯桂芬看来，他们"流品既杂，志趣多庸"，往往来自于他乡，职位是买来的，"跋涉千里万里而来，身家妻子，惟一官是食"，所关心的只是如何利用职权搜括钱财。他们"犬马乎富民，鱼肉乎贫民"，是这帮人的真实面目。他们同臭名昭著的衙役之流沆瀣一气，使得地方政府深陷于商业化的泥淖而不能自拔。

冯桂芬所提出的解决方案，是起用由百姓自己推选并信任的本乡人士。每百户或千户推选一人，具某种官员身份。候选人则从极不受信任的生员等级以下的人们中产生。在这里，我们又可以发现明显的西方影响的印记：每个村民都将自己的名字和被提名人的名字写在纸片上，再对纸片予以计数，而得到大多数提名者将获得任命。

1898年，人们对于冯桂芬这一建议的反应是围绕着两个问题而展开的。第一，在官员和非官员之间建立起一种严格界限的必要性；第二，对于获得某种官员身份的精英人士将会滥用权力并无视公众利益的担忧。

那么，除了常规的官僚以外，选拔"许多不官而官之人"[13]的做法如何才能为公众利益服务？加入一种非官非民的中介阶层同农村社会的现实是不合拍的。这是因为，"民风不古"。结果，"乡职无权，则民不服；有权，则不免武断，而仍

---

[12] 转引自冯桂芬：《复乡职议》(《校邠庐抗议》，第10页)；顾炎武的原文，见顾炎武：《乡亭之职》，《原抄本日知录》(台北：明伦出版社1970年版)，第231页。
[13] 《签注》，文徵批注。

不服。徒多事，似属难行"。[14]

这种形式的中介阶层不仅毫无用处，而且还可能会带来危险。由于19世纪中叶的经验，官员们对于地方上头面人物权势过重更是忧心忡忡。只要稍加鼓励，地方上的"刁衿劣董"[15]便会将权力集中到自己手中，并不成体统地对当地官府施加压力。在这里，我们又看到了那种对于来自下层的"挟制"或"牵制"的恐惧，因为这会使得地方官员的权威被地方利益所瓦解。[16]官员们对于非官方中介势力的不信任是如此深刻，以至于他们不能将冯桂芬所建议的地方选举同地方强人区分开来——自从将太平天国镇压下去之后，这些强人便控制了中国乡村的很大一部分。[17]还有什么能比这种现象对法律和秩序造成更大的威胁？冯桂芬的批评者们还宣称，会使得情况变得更糟糕的是，冯桂芬所建议的新中介人物甚至连他所宣称的那种作用也不见得能够起到。他们不会经由现存体制将信息上报，而是会企图对信息加以隐瞒，从而使得整个体系失去效用。本来，县官本人便应当同普通百姓接近，那为什么要在他和百姓之间插入这些新的中介掮客，来妨碍他的公事呢？[18]

京官们在1898年对于冯桂芬《校邠庐抗议》的反应，在一位最为严厉的批判者——翰林院编修陈鼎——的身上，集中

---

[14] 《签注》，王振声批注。
[15] 在这里，"衿"指的是经科举考试获得功名者；"董"指的是由官府任命在当地管事的地方显贵。"董"既可以承担管理地方社区的全面责任，也可以从事监管团练和兴修水利等特定任务。虽然"董"往往也有功名，但功名在他们身上的重要性比不上他们在地方上的影响力。
[16] 《签注》，杨士燮、溥岳、赵尔震批注。
[17] 《签注》，赵尔震批注。
[18] 《签注》，溥岳批注。

地表现出来。[19]这位性情怪僻而无畏敢言的文人对冯著所作的评论表明，用"保守"一词来描述1898年变法的反对派有多么不恰当。陈鼎并非对西方文化持刻板的敌视态度。在他对冯桂芬所著《善驭夷议》一文的评论中，他赞成国人应广泛学习掌握西语，甚至还提出一种匪夷所思的看法，主张中西通婚。（首先"自大臣始"，其目的则在于获得关于西方的资讯！）他还主张，同佛教一道，将基督教与中国之"正教"予以融合。[20]在义和团起义的前夕，这些煽风点火般的建议对于思维平常的人们会产生何种影响，是可想而知的。

然而，对于冯桂芬关于根本性问题的建议，陈鼎的反应却正统到了尖刻的程度。他认为，通过下层官员推举来任命官员，便会导致国家的腐败和分崩离析。这一看起来似乎属于"公"的过程，只不过是为私人利益提供了一道盛宴。他写道："诚以众论必不能公，公誉之，必有所私也。"在这样的环境下，又怎能指望人们的长处会得到公正的评价呢？更何况，"若以欲举用人之柄概以属之下吏之手，求之蚩蚩之口，势必如沸汤扰乱不已"，到头来，不偏不倚的政府机制便会被强大派系的统治所取代。陈鼎进一步评论道：

> 为政不难不得罪于巨室，巨室所慕，一国慕之，孟子尚为此论，何况今日官绅，若能狼狈为奸，便当誉为循吏，号称公举，实在一人耳。

---

[19] 陈鼎，湖南衡山县人，光绪六年（1880）进士，入翰林，后以编修身份长期供职翰林院。关于陈鼎的相关资料，我受益于孔祥吉先生的一份未刊文稿，并承孔先生许可，在此引用。

[20] 陈鼎著《校邠庐抗议别论》，手稿藏中国第一历史档案馆。孔祥吉先生向我提供了该手稿的部分抄件，以及关于陈鼎生平的资料。我所引用的所有陈鼎言论，均以该手稿抄件为本。

在这样一种制度下，谋求官位者难免会相互勾结起来，为追求各自的利益而对权势人物溜须拍马。"外官则益惮胥吏，京官则日相征逐，声望在此，何暇及国？"

在陈鼎的尖刻批判之下，冯桂芬关于在地方上公举设立董事的建议所引起的反应也好不到哪里去。在陈鼎看来，这种做法只会导致赤裸裸的贪婪和肆无忌惮的恫吓：

> 权势所在，无人不趋，况舆之薪水，使之治事，俨然如官。……一至公举时，非特此啸彼聚，互相标榜，宗族亲戚，各树一帜，或更有依傍巨绅，嗾彼党类，强令邻里相举者矣。

陈鼎的看法所反映的，正是人们通常所持有的对于下层中介掮客势力的鄙视：

> 况正士诸人，自有家事，殷实富户，更有生计，必不肯当此等职役，所愿为者，不过刁生劣监，与无业游民耳。[21]

毫无疑问，冯桂芬的建议明显的是走向西方式民主的第一步。那就看一看西方社会实行这种民主的可怕结局吧！

> 泰西各国，分教分党，动辄称戈，戮杀君父，不以为悖；涂炭生民，不以为怪，岂非权为民夺之过哉？

---

[21] "监生"指在国子监肄业的生员，由捐纳而来的监生并无学术地位。但他们可以参加在顺天府举行的乡试（很多人确实这么做了）。然而，在县级官吏中，监生却常常被当作暴发户和惹是生非者。

第二章　从太平天国事变到戊戌变法

到头来，我们是否能够在看待冯桂芬的批判者时，试图超越"保守"和"激进"的俗套，而透过他们来理解1898年变法所引起的反弹？我想提议的是，我们正逐渐接触到中国威权主义的内核，而这是一种并不一定会随着现代国家的兴起便会解体的关于人类行为的信仰体系。

公共权力和权威为什么会存在？这当然是为了使得私人利益受到制约。这一看法所赖以存在的信念基础是，公共利益并不会自然而然地"内在化"，而使得人们可以不受约束地追求自己的私人利益。根据同样的道理，政治竞争和由此而产生的派系斗争只会导致对于公共利益的损害，只有正常的政府机构才能阻止精英阶层作为一个整体为追求私利而非法行使权力，也只有统治集团的上层才有可能保持必要的客观性，以防止行政机制作为一个整体从事追求私利或派系利益的目标。在最高层，只有皇帝本人才能保证整个统治体系为公共利益服务的导向。这些设想本身，又是建立在下述设想之上的：官位越高，官员对于公共利益的看法也越具有客观性。

在这里，冯桂芬的批判者们持有一种冷酷的社会观。他们的看法，可以用"民风不古"这句已成为老生常谈的感叹来加以概括。这样说，意味着当下的中国早已远离经典文本中关于乌托邦式古代社会的想象：那是一个黄金时代，人人都有着对于公共利益的自然而然的关怀，由于公共价值的内在化，威权式的强制也就没有用武之地了。

然而，在当下这个时代，为了使私人利益受到制约，权威仍然是必需的。但要处于最高层的官员们这么去做，又会带来一个令人烦恼的问题：人们又有什么办法可以确定，高层官员们不是为了自己的利益行事呢？只有当人们相信，高层官员在面对公共利益时必定会比下层官员持更为客观的态度，而官员阶层作为一个整体也必定会比纯粹的"私人"持更为客观的认识时，上述问题才会不再成其为问题。关于派系活动的道义假设，更强化了这样的看法。大家相信，人们只有出于卑劣的动机才会参与派系活动，并将从事推动派系活动者等同于"巧宦"。一个正派、诚实和有自尊心的人，是不屑于参与这种勾当的。虽然说，通过结党营私而获得升迁是一种普遍的做法，但从来没有人对此予以公开倡导。所以，朋党活动之所以是一种坏事，并不仅仅因为它造成了政治的分裂，更因为从事朋党活动者会变成卑鄙小人。这里有一种迷人的逻辑颠倒：因为高官们应该是受人尊敬的人物，他们便不可能通过卑鄙小人般的行为而获得高官的位置！

虽然从道理上来说，下层官员应该受到他们上司的控制和监督，但对于公共利益的最大威胁却存在于政府机制之外——存在于争抢公共资源的形形色色的中介掮客身上。他们出于一己之私利，总是千方百计地要将本来属于政府机构的权力揽到自己手里。如果像冯桂芬所提议的那样，将权威给予地方社会中的一种新的半官方势力，只能是自找麻烦。这些人不可避免地会不合法地使用所掌握的权力（我认为，这就是我们对"挟制"和"把持"这些词汇应有的理解），并危害到公共利益。在持有功名者当中，生员处于最下层，也不完全受到行政纪律的约束，因而最应当被视为这方面的可疑对象。上述便是陈鼎的推断和论述。

冯桂芬若再世，应该能够理解这样的逻辑推断，这是因为，他对于地方权力若不加限制所可能产生的危险是十分清楚的。冯桂芬所提出的重建地方社会的计划，同地方团练首领以及得到政府支持的地方绅董所推行的不受规约的统治，实际上只有一步之遥。冯桂芬本人同上层官僚们有着千丝万缕的联系，他不是一个自由主义者；在他的著作中，也没有显露出关于人民主权或人民权利的任何暗示。然而，他的立场同他在知识关怀上的先行者魏源的立场是接近的；他相信，与通常的看法相比较，其实精英阶层中有多得多的人内心里是接受公共利益的存在的。因此，应当相信，通过一种经仔细规划的政治参与，下层精英人物是能够为公共利益服务的。这种看法，同魏源为鼓励更多精英人物对公共事务表现出更大兴趣所做的努力，是一脉相承的。

然而，除非不顾当时的历史记述，冯桂芬批判者们所信奉的原则又是否定不了的。让我们设身处地地想一想他们所看到的情势。19世纪中叶的叛乱已被镇压下去，但为此所付出的代价是巨大的。国家的权威受到了极为严重的削弱。在政府的顶端，是存在于朝廷和各省份强势领导人之间的脆弱的联盟。某种意义上，国家对于地税的控制已经落到了私人捐客的手里。在精英阶层内部，通过捐功名、买官位的途径，私人财富影响力的增长达到了危险的地步。官府上下，充斥着侵占公共资源以中饱私囊的现象。在这样的环境下，重建正常政府机制的权威，是使得中国社会不至于分崩离析的手段。事实上，提出让社会各部分广泛享有权利的建议，必定会被视为在社会每一部分制造混乱和腐败的图谋。不失原则性的做法，应该是对于更大的客观性的追求，同时，也应该在更为一般的意义上加强公共利益，制约私人利益。如果公共利益并没有在每一个人的头脑里都占据了主导地位，那么，除了通过政府机制来实行控制外，还有什么方法能够遏制无政府状态呢？

一

在现代，认为世界上存在着不同于私人利益总和的"公共利益"，似乎是一种不合时宜的看法。很大程度上，自由民主派甚至已经失去了表达这种看法的能力。尽管"公共利益"在当代美国也许被视为是一种怪诞的概念,但在美利坚合众国的早期历史上,这却是一个占据统治地位的主题。虽然说,人们对于如何在政府实践中实现"公共利益"或"公共福祉"有着明显的不同意见,但"公共利益"的存在却从未受到过真正的质疑。

《联邦党人文集》一书,作为正在制定中的1787年新宪法的原则走向大众的重要推动力量,为这种信念的存在提供了充分的例证。[22]从我们现在讨论的目的来看,构成《联邦党人文集》的各篇论文所提出的基本问题,是如何在公共利益和多种不同的私人利益之间达成妥协。在人群中,通过"党派"而表达出来的私人利益总是会存在的。在《联邦党人文集》著名的第十篇论文中,麦迪逊(James Madison)写道,"一个组织良好的联邦"所能带来的诸多利益之一,便在于它能够"打破并控制派系所产生的暴力"。[23]平民政府曾受到广泛的批判,因为"公益在敌对党派的冲突中被弃置了",以至于"一种有利害关系的绝对多数"得以不顾公共利益和少数派的合法利益,而追求自身的目标。麦迪逊进一步说明道:"我的理解是,党派就是一部分公民——不论他们是全体公民中的多数或少数——在某种共同情感或利益的驱使下结合起来,站在其他公

---

[22] 1787年10月至1788年5月,以普布里乌斯(Publius)署名的八十五篇论文在纽约地区报纸上连载发表,就各州批准联邦宪法的问题展开讨论。1788年,《联邦党人文集》第一版将八十五篇论文放在一起,再加上由汉密尔顿(Alexander Hamilton)所写的一篇序言,集结发表。其中,五十五篇论文的作者是汉密尔顿,三十篇论文的作者是麦迪逊(James Madison),五篇论文的作者是杰伊(John Jay)。

[23] 这里所引用的麦迪逊所著的第十篇论文,出自 Federalist, or The New Constitution: Papers by Alexander Hamilton, James Madison and John Jay (New York: Modern Library, 1941), pp. 53–62。

民权利的对立面,或者站在社会永久和总体利益的对立面。"然而,麦迪逊又相信,"党派"将是社会中始终会存在的现象。虽然,党派从本质上来说是同公共利益相对立的,但它们产生的原因"深植于人性之中"。政府不能为了保护公共利益便消除党派——这样做也会导致自由本身被消除。而要通过改变公民的性质,"给予每个公民同样的主张,同样的热情和同样的利益",从而使得公共利益普遍化,则由于"人的才能是多种多样的",也是做不到的。

尽管麦迪逊持有党派是人性不可阻止的派生物的悲观看法,但他所提出的解决办法却带着惊人的乐观。公民也许有自己的私人利益,但他们也有着一种内在的公民意识。不管这种意识在激情和私人利益的力量面前多么弱小,普通人也知道,只有"德才兼备之人"才适合充当他们的代表。[24] 在一个幅员足够辽阔的共和国里,从事党派活动的狂热会被这些"德才兼备之人"所渗透,而他们在公共利益上高人一头的看法则会拯救社会,使其免于受到党派活动的毁灭性影响。

麦迪逊关于"德才兼备之人"比他们的同辈能够更好地认识到公共利益的说法,导致了那些批评他的人给他贴上了"精英主义者"的标签。而麦迪逊将"德才"和重要公共职位联系起来的做法,在帝制时代中国的士大夫看来,则不见得是不合理的。如果说,麦迪逊并没有提出一种带有"启蒙政治家"色彩的"中国式解决方案"的话,那么,他也并没有抛弃某些人

---

[24] *The Papers of James Madison*, ed. William Hutchison et al. (Chicago: University of Chicago Press, 1962), vol. 11, p. 163; 引自 Michael T. Gibbons, "The Public Sphere, Commercial Society, and The Federalist Papers," in *The Federalists, the Antifederalists, and the American Political Tradition*, ed. Wilson Carey McWilliam and Michael T. Gibbons (Westport, Conn.: Greenwood Press, 1992), pp. 119 – 120。

比之另一些人更能够理解公共利益的看法。人民代表由于自己的地位，"最能辨别国家的真正利益"，而他们出于"爱国心和对于正义的热爱，也最不可能为了暂时或局部的考虑而牺牲国家的利益"。[25]

然而，在一个关键性的方面，麦迪逊对于公共利益的看法同中国士大夫们的看法是不同的。根据麦迪逊的看法，代表权原则是建立在公民德行的前提之上的。尽管这种德行在德才兼备之人身上特别突出，但实际上它也在民众身上广泛存在——虽然存在的方式没有那么高雅。这是共和主义的依托之所在：如果没有"人民身上的德行"，那么，善政良治便是难以想象的。[26] 从公民的角度来看，民风其实并非"不古"（就像中国人所说的那样）。这种基本的品质，不仅使得代表权成为可能，也杜绝了统治者和被统治者在这上面的基本区分。

形成对照的是，冯桂芬的批判者们身上的悲观主义甚至使他们排除了代表权能够有效实行的可能性。如果说，普通人缺乏公民意识，那么，他们也许很自然地便会受到公共利益守护者的恫吓。如果说，甚至连官员们在派系首领的诱惑面前也会那么软弱，以至于他们在权力及其使用问题上的看法是不值得信赖的话，那么，普通百姓们实在是更不值得信赖的了。如果没有公民德行，村民们和官僚们一样，都很轻易地便会受到野心勃勃的恶棍的诡计欺骗。而在公民德行的分布如此不平衡的情况下，便需要有一个由高人一等者组成的政府，以便对大众

---

[25] *The Federalists*, p. 60. 关于公共利益概念历史演变的一般性讨论，以及社会科学家们对于这一问题的看法，参见 J. A. W. Gunn, "Public Interest," in Terence Ball et al., eds., *Political Innovation and Conceptual Change* (Cambridge, Eng.: Cambridge University Press, 1989), pp. 194–210。

[26] *Madison, Papers*, vol. 11, p. 163, 引自 Gibbons, "Public Sphere," p. 119。

实行"改造"。与这种看法不同，麦迪逊认为，"美国人民以其目前的特质"不大会选出一个"想要制订并执行一个暴虐或背叛计划"的代表机构。[27]

那么，公民德行在普通中国人当中是否真的那么稀缺？在我看来，情况并非完全如此。在帝国的每一个角落，社区服务不仅蓬勃发展，还被当作获得具有合法性的精英地位的标志。地方志中有大量证据表明，人们不仅出于对自己地方社区的自豪感，还作出了相应的个人牺牲，为促进社区的福祉而从事慈善活动。为了表明自己属于当地精英圈的地位，一个富有的商人既可以捐功名、买官职，也可以从事善行，从而使自己的传记被收入县志，或者在宗庙碑刻上留名。

在中国政治著作中，自然产生的公民德行也没有受到忽略。虽然说，古代的大公无私仍然是一种遥远的愿景，但人们对于自己家乡社区自然而然的热爱也许为善政良治定能出现提供了最有力的证明。对这一观点最出名的表述、也是在大清帝国最后几十年间最经常为人们所引用的，是17世纪学者顾炎武所著的《郡县论》。（在本书第四章中，我们还会有机会对这一传统以及它对中国帝制晚期政治所产生的影响作出评价。）

但是，如果有人会承认，公民德行在普通中国人身上有着某种程度的内在的存在的话，那么，他们同时也会相信，这种德行将在地方性环境里得到最好的彰显。而要在全国范围内——这也是冯桂芬的批判者们所最为关切的范围——构想这种德行的实现，则将变得无比困难。情况似乎是这样的：产生于家乡的公德，在县级范围内也许能够促成善政良治，而在全

---

[27] The Federalists, No. 55, p. 363.

国性的环境里,却会变形,最终甚至会被摧毁。[28]

那么,鉴于冯桂芬的批判者们认为公共利益在他们所处时代的条件下是靠不住的,我们是否可以承认,他们关于自己所处世界未来走向的看法在一定程度上也是值得认真考虑的?在那个时代,几乎没有中国人会想到代表性政府,而在缺乏这种政府的情况下,又有什么才能够保证公共利益得到维护?一种合理的解决办法(这其实也是 20 世纪的多数中国政府所采用的办法),是加强官僚机构的控制,并以此来保证,更高层次的客观性能够超越狭隘的私人利益而出现。对于人们来说,在没有替代性解决办法的情况下,由正常的官僚机构实行威权式领导似乎便是完全合理的了。

这种态度,同下述三种人有着明显的区别:第一种人希望,社会规范的内在化所达到的程度会使得所有人——不管他们处在何种地位——都会将公共利益放在心中,这样,威权统治便没有存在的必要了。第二种人则认为,私人出于为己服务而产生的利益,一旦膨胀开来,便会通过所谓"看不见的手"而产生公共利益。第三种人的看法是,不管多数人对于社会中的其他人会产生何种影响,他们作为多数应当具有说了算的权力,而抽象的"公共利益"实际上是不存在的。在各种自由民主的社会里,这三种看法之间保持着微妙的平衡,共同存在。

---

[28] 这提醒人们想起了孟德斯鸠关于共和国美德——作为一种公共利益超越私人利益的关切——只能存在于小的政治体的假设。对麦迪逊和《联邦党人文集》持反对意见者引用了孟德斯鸠发出的警告:"在一个过于广大的共和国里,公共福祉将为千百种私人观点所牺牲。"引自 Paul Peterson, "Antifederalist Thought in Contemporary American Politics," in Josephine F. Pacheco, ed., *Antifederalism: The Legacy of George Mason* (Fairfax, VA: George Mason University Press, 1992), p. 130; 又参见 Abraham Kupersmith, "Montesquieu and the Ideological Strain in Antifederalist Thought," in McWilliams and Gibbons, eds., *The Federalists, the Antifederalists, and the American Political Tradition*, pp. 47–75。

冯桂芬的批判者们认为，第一种看法固然美好，但由于"民风不古"，不啻是不切实际的空想。而第二种看法，在他们的眼中简直是荒唐至极的谬论。至于他们对于第三种看法的可能反应——如果他们会愿意对之给予一瞥的话——则必定是视之为地狱。一个人人只为私利服务的社会，只能是一个机会主义总会在原则面前占据上风的社会，只能是一个权力和金钱压倒一切的社会，也只能是一个其政治进程会将平庸之辈或邪恶分子推向权势地位的社会。谁又会愿意生活在这样一个社会里呢？

第三章　从耒阳暴乱到农业集体化
——根本性议程的时代跨越

耒阳暴乱及其财政背景

19世纪40年代初，当大英帝国入侵的隆隆炮声在中国沿海地区回荡时，反叛的风暴也在一些内地省份积聚起来，不祥之兆，闪现于地平线上。

耒阳县位于湖南省南部，地处山区，土质极为贫瘠，"故终岁勤动之良农，亦未必尽丰"。[1] 由于贫困，农民在面对贪腐的税收者时更是处于软弱无助的地位，那些最没有抵抗能力的人，也最容易受到蹂躏和欺压。事实上，税收已经成为由地方政府内部操纵的一桩油水丰厚的借贷生意。即便人们拖欠税款，县衙的胥吏们也必须按时完成税收指标。于是，他们索性通过发放高利贷来为农民垫付税款，从而将这个难题转变为有利可图的生意。这些中介掮客们将公事和经商结合在一起的做

---

[1]《耒阳县志》（1886年版），第七卷，第1页下；在本书中，除引用中国共产党或政府的资料外，我使用"farmer"而不是"peasant"作为"农民"一词的英文对应词。

法，给农村带来了灾难性的影响。县官们对于这种做法非但不加以制止，反而依赖有加。这是因为，他们自己的官运便是寄托在按时并足额地完成税收指标之上的。在地方政府的外围，诸如"里书"和"里差"之类的不受薪或不属常规编制的税收人员，是依靠对于村民的敲诈勒索为生的。尤其麻烦的，是由漕运而派生出来的各种附加税收和费用。对于受到重重盘剥的农民来说，漕粮征收以及漕运转输所涉及的开支（包括捐客们从中所获得的利润），简直达到了不可承受的地步。

发生于19世纪40年代的危机，在耒阳县的各个村庄是由于银两短缺而为人们所感受到的（这是因为，田赋是要用银子来支付的）。普通老百姓日常使用的铜钱，要长途运送到县城所在地，换成银子来缴纳田赋。由银两"火耗"而产生的附加费用，便已经是人们的一种负担了，而这底下还涉及到银子和铜钱之间的相对比价问题。随着银价日益昂贵，人们实际的纳税负担也就加重了。即便在通货稳定时，腐败和高利贷便已经是令人难以忍受的了，而现在则成了暴乱的导火索。[2]

在这种无法忍受的条件之下，农民只得转而向生员和监生们求助，这些人都属于乡村精英中的下层人物，他们常常为邻居们代交税款，并抵挡掉税收人员的高利贷盘剥。这种"包揽"付款的做法是为法律所不允许的，但几百年来人们一直延

---

[2] 关于耒阳暴乱的清政府内部文档，存于北京的第一历史档案馆。关于耒阳暴乱的起源，参见湖南巡抚陆费瑔的奏报（《朱批奏折·农民运动》，980.03，1843年1月11日；《录副奏折·农民运动》，3390-2。在1843年10月26日的两份奏报中，有陆费瑔关于武装暴乱和抵制税收行为的判断；在1844年11月22日的奏报中，有他关于税收体系中滥权行为的分析）。关于税收人员贷款与人的行为，参见《耒阳县志》（1886年版）中地方上一位退休官员的翔实记述（第七卷，第10页）。关于税收人员"垫付税款"的情况，参见 Bradly Reed, *Talons and Teeth: County Clerks and Runners in the Qing Dynasty* (Stanford, Calif.: Stanford University Press, 2000), p. 183ff。

续着这种做法。这里,也涉及到获利的问题——这些下层精英人物是要为由此而给自己带来的麻烦索取费用的。[3]然而,在世道艰难之时,这些中间人包揽付款的做法却起到了解决地方社区急迫之需的作用。

代付税款作为一种长期存在的做法,其本身不大可能会对当局构成政治上的威胁。然而,生员监生们的另一种行为却具有更大的危险性,那就是,对税收胥吏提出正式的指控。一位名叫段拔萃的生员,出身望族,在乡间受人尊敬。1842年冬,他上访北京,参与对耒阳县胥吏的"京控"。这种赴京告状的行为,虽然为法律所许可,但多年来却一直被朝廷视为一件令人尴尬的头痛事。在通常情况之下,北京方面会将案子发回给相关省份的巡抚审理,而一般来说巡抚们是会对自己的下属予以保护的。段拔萃所告之状,历经各种程序之后,遭到驳回。他本人则因为涉及诬告,而被处以廷杖及流放。

1843年3月,段拔萃被投入耒阳县监狱,等待发配边疆。但这个时候,他落到了自己的死敌——县里的胥吏们——的手中,有谣言流传道,他们打算让他在狱中"绝食致死"(在通常情况下,这样的命运对于一文不名的囚徒来说,实在是太稀松平常了)。段拔萃的族人们向当初曾为他赴京告状出过主意的阳大鹏讨教。按照这位年纪为47岁的前生员的指点,段氏族人号召人们抵制县试。这种策略,虽然为官员们所深恶痛绝,却是人们用以对暴虐官府表示反抗的一种传统方法。作为反击手段,县官以段拔萃的儿子张贴抵制告示为理由,下令将

---

[3] 关于生员的社会地位,参见 Min Tu-ki, *National Polity and Local Power*: *The Transformation of Late Imperial China* (Cambridge, Mass.: Council on East Asian Studies, Harvard University, 1989), pp. 21–49. 耒阳暴乱的领导人是阳大鹏,他所拥有的登录在案的土地,大约正好够一块菜地。《耒阳县志》(1886年版),卷二,第2页。

其逮捕入狱，并定于3月15日举行庭审。[4]此时，段氏族人决定诉诸于一次大胆的营救举动。同至少来自其他四支宗族的人们一起，段氏族人于3月15日凌晨潜入县城，尽管段拔萃本人并不愿意，但他们还是将他从看守手中解救出来，并逃往乡间。

其他地方绅贤觉得，他们可以通过同县官讲道理来规避灾祸，梁人望即为其中之一。他曾长期涉足"揽纳钱漕"、代付税款的行为，危及到了税收胥吏们借收税向人发放贷款的生意，因而为他们所痛恨。[5]梁人望带领一个至少由八支宗族组成的队伍，"同赴县署喊禀"。被允许进入县衙大堂后，他声称，县衙胥吏们"浮收勒折"，应予以革职，并"减征钱漕"。梁人望还威胁道，"如不照依出示，恐致人心不服"。[6]然而，这一番关于暴乱随时可能发生的警告，却被县官当作讹诈行为。当县官唤来衙役时，梁人望已经溜走了。在梁看来，正是税收胥吏们使得县官对他采取了强硬态度。第二天，他带领二十余人进城，准备将胥吏们殴打一顿。虽然人没有找到，但在一片打劫声中，他们家中却遭到了洗劫。县里的兵勇对暴民们发起攻击，在街上留下了一片东横西倒的尸体，但领头闹事者却逃走了。[7]

乡间深处，抗税运动的头领们开始以事实上的地方政府自居，并采取行动了。阳大鹏这位颇通法律的人物，将注意力集

---

[4]《耒阳县志》（1886年版），卷八，第11—12页下；阳大鹏因帮助段拔萃等筹集资金、从事"诬告"，而被处以褫夺生员身份的处罚。参见阳大鹏被捕后的"供词"，载《录副奏折·农民运动》，3390-2（1844年10月26日）。
[5] 我未能确定梁人望是否具有生员身份。
[6]《录副奏折》，1844年10月26日（关于抗税及梁人望对县官的禀告）。由于儿子依然在押，段拔萃向位于湖北省武昌的总督衙门自首，希望能够在故乡湖南以外的地方获得公道。
[7]《耒阳县志》（1886年版），卷八，第11页上。

中到了为进一步从事法律诉讼筹集资金上来。1843年夏,他同各支地方宗族的首领们合作,私自向县里的所有民户"按粮派贡"。在相邻的东乡,有钱的宗族在当地的祠堂里开设了一所收款并打造武器的"局子"。雇来的收税人被派往遍布全县的各个村庄。阳大鹏和他在西乡的帮手们一起,竖起了一座铁碑,另立"征收钱粮章程"。段氏宗祠被冠之以"福星公馆"的名号,成为收款及出具收据的中心。[8]阳氏和段氏宗族的首领"派人阻截粮户进城"交纳政府的税赋。1843年夏,由此而造成的政府收入剧减触发了一场残酷的镇压。官兵烧毁了"福星公馆",并逮捕了那里的办事人员(包括阳大鹏的弟弟)。

这番抓人行动迫使阳氏和段氏宗族由抗税而走向武装暴乱。在各个村庄,他们"鸣锣聚众",号令乡民们听取宗族首领的训话。7月2日,一支由乌合之众组成的四百余人的武装队伍向县城进发,试图攻占县牢。但队伍被来自县城城墙上的炮火所击退。他们以急柬向东乡各宗族招请更多的援兵,并打造了四门木制大炮。在两天的时间里,东、西两乡共聚集起了一千余人,反复地对县城发起攻击。他们中有一位僧人,"能用符法封闭枪炮"。但是,增援的官兵此刻已从衡州府赶到,暴民们不是对手。尽管他们的木制大炮发出的声音"震得山石碎落"[9],但不幸的是,大炮却在炮座上爆炸,并把几名炮手给炸死了。在官兵的炮火之下,造反民众们的最后攻击被压制

---

[8]《朱批奏折》,980.14(1845年2月5日)。在这里,"公馆"一词是地主用以称呼租税收集处的一种委婉说法(录自林满红与笔者的通信)。然而,从历史上来看,这显然是指政府的办公处所。1844年,耒阳抗税运动的领导人究竟为什么会使用这个名称,在这里难以得出最后的结论。从实际来看,我们知道这是同税收联系在一起的;同时,尽管它座落于某一支宗族的祠堂,但它的管辖范围却超出了该宗族。

[9] 冯桂芬:"耒阳记闻",载《显志堂集》,卷四,第36页下。

了下去，逃入山中。

官兵现在一路烧烧杀杀地进入耒阳山区，但他们只抓到了225人。到8月上旬，阳大鹏本人被抓获，在省城写下供词后，他被解送入京，遭凌迟处死。

官方对于耒阳灾祸的处置，使我们注意到了清代税收体系中两种特有的弊病：非法的中介捐客，以及弊端丛生的征税系统。所谓中介捐客，既包括县里同官员们狼狈为奸、勾结活动的胥吏；也包括诸如段拔萃和阳大鹏这样的生员，他们从事着包揽纳税以及状告胥吏的活动。[10]在这两种人当中，生员似乎具有更大的危险性。虽然胥吏是政府也是纳税者身上的寄生虫，但生员却有能力完全切断政府的税收来源，并在乡下称王称霸。他们掌握着金钱和人力资源，并在地方社区中得到了人们相当程度的尊敬。这样看来，下层生员是一种严重的威胁。湖广总督裕泰在谈到生员时，称他们为"刁衿劣监"，"藉以书差浮勒为名，公然聚众抗拒"。裕泰承认，"书差经管征收，固不能必无弊窦"，但"刁衿劣监"的行径却更加危险："似此目无法纪之徒，若不严加惩治，将来难保不别酿事端，酿成巨案。"[11]

从逻辑上来说，中介捐客问题必须从两方面来加以对待——既要对付胥吏，也要对付生员——但胥吏是官方体制不可或缺的一部分，他们的胡作非为因而基本上未受到触动。[12]

作为税收捐客，不管是胥吏还是生员，都是由于税收制度

---

[10] 这些人相当于王业键曾述及的从事"包收"和"包揽"活动的人。参见 Wang Yeh-chien, *Land Taxation in Imperials China, 1750—1911* (Cambridge, Mass: Harvard University Press, 1973), p. 42。

[11] 裕泰奏折（980.2），1843年10月10日。

[12] 一些胥吏也受到了廷杖和暂时流放的处罚。参见《录副奏折·农民运动》，1844年10月26日（关于抗税）。

的缺陷才得以存在的。清代的税收制度由明代继承而来,使用两种登录系统。一种是土地清册,记录了所有应纳税土地的数量、质量以及拥有者。另一种是户口清册,记录了包括田赋和劳役服务在内的应纳税额。在明代早期的里甲制度之下,地方上的里甲长要轮班承担的一种义务,就是收税。到了16世纪,商业化和人口增长使得上述两种税收登录系统都变得不可靠了。土地所有权与居住地之间的联系,作为构成里甲税收制度的基础,也已经无可挽回地被打破了。为了使得这一体系能够起作用,北京创设了与税赋责任大致相等的纳税区域,然而,这种做法很快便显示出难以跟上土地所有权以及人口的变化。地方里甲长为未能收到的税款而困扰不堪,而他们自己的家庭也因而受到破坏。

随着明代通过地方里甲长收税的制度难以为继,里甲(起初包括110户人家)本身也从代表人口和家庭的单位转变为代表应纳税土地的单位。到17世纪80年代,应从这些土地征收的税款数目已经变得常规化了——事实上,朝廷甚至下达诏谕,将这些数目刻录于石板之上,并在县衙门公布出来。对于新开发的土地,朝廷并没有什么系统的方法将之添加到税收登录系统中来。与此相对应,征收田赋时的主要任务,在于确定税款征收者的责任,由他们从已知土地上收取数目已经约定俗成的税款。这种责任落实到了处于官僚体制最下层的官员、亦即县官们的身上,同时必定也落实到了县官麾下的税收胥吏们的身上。[13]这里,主要涉及到了两方面的困难。正如湖南巡抚陆费瑔在谈到耒阳事件时所指出,那些被追讨税款的人,却并

---

[13] 关于清代田赋制度演变的立法史,可参见《皇朝文献通考》(台北1963年重印本),田赋(二)。关于税收制度的经典性研究,见 Ho Ping-ti, *Studies on the Population of China* (Cambridge, Mass.: Harvard University Press, 1959); Wang Yeh-chien, *Land Taxation in Imperial China*, 1750—1911。

第三章 从耒阳暴乱到农业集体化

不一定是有能力纳税的人。而税额的固定化，又使得地方政府的实际开支之所需得不到满足——有时甚至连征收税赋所需的开支也得不到满足。正是这种情势，使得为农民们所深恶痛绝的各类非官方的附加性杂税杂费变得必不可少了。

征税中出现缺额，是胥吏们的借贷生意以及生员们的抗税行为的前提之所在，这也是由税收登录制度的混乱状况自然而然所形成的结果。陆费璵对问题做过这样的总结：在自由发展的市场环境下，许多民众拥有在税册上属于其他村庄的土地。由于税赋征收者受制于自己的职责，必须在限定的时间内全数征集为某一特定地区所规定的税款定额，那些因土地所有者不在本乡而不易找到的土地所应付的税款，便只能由居住在这一地区的其他村民来承担了。[14]其结果，正如陆费璵所指出的那样，"向设里差，仅就所管里分按地催粮，其居住别村之业户，或相隔较远，或未能尽知，遂不能催收如愿。……致有种无粮之田，完无田之赋者，占匿拖欠"。

为了锁定土地实际拥有者的税赋责任，陆费璵提议，税赋登录应重新进行，并根据民户居住置业的实际情况，而不是仅仅依据纳税土地的清册，来输入相关资料（这就是，既登录居住某地的村民的资料，也登录每个村民所拥有土地的资料——不管土地属于哪个地区）。这一方法称之为"依人统地"。其原则为：

> 如其人居住此村，即将其置买外村田地、应完之粮汇为一册，并归此村征收。盖约总、甲长皆系本里本村之

---

[14] 由本地村民集体承担税赋的做法，可以被视为是20世纪出现的"摊款"体系（本章以下还将对此予以探讨）的真正根源之所在。

人，就近催纳，按册可稽。[15]

早在18世纪20年代，这种方法已经在其他一些地区使用，被称之为"顺庄"制度。对拥有土地的家庭，通过确定土地拥有家庭的居住地，不断地以此为准，对税册予以更新。不管某一家庭所拥有的土地位于县内哪个区域，税收胥吏都有权就该地块的纳税问题同该家庭交涉。与此同时，在地主缺席或者无法找到的情况下，他们不能再让当地村民为这些地块的纳税问题负责。这是对于土地自由市场出现、人口及可耕地增长，以及从明代沿袭下来的过时人口清册的一种理性反应。不过，要不断更新这种登录制度并使之符合情况的变化，还需要出类拔萃的行政能力和相关的规章制度。

实行陆费瑮的方法的困难之处，可以通过同英属印度的税收制度的比较而清楚地体现出来。印度从土地所获得的收入，是以两种不同的税收制为基础的。在孟加拉所实行的制度，使用了得到官方承认的收税代理人柴明达尔（zamindars），其前身，则是已经灭亡的莫卧尔王朝治下的获官方认可的包税地主阶层。在其他地方，尤其是在马德拉斯，个体自耕农直接向国家负责，整个体系中不存在税收掮客的现象。马德拉斯体系也

---

[15]《录副奏折·农民运动》3390-2，1844年11月22日（陆费瑮奏折）。"依人统地"一词，似为日本学者栗林宣夫在《里甲制之研究》一书中所论及的"以村庄为本"的体系的另一种说法（参见栗林宣夫：《里甲制の研究》，东京1971年版，第337-346页）。这一新的"以村庄为本"的体系根据其居住地将纳税者输入体系，早在18世纪20年代便在华中和华东的一些省份开始使用，但并无证据表明，耒阳曾实行过这一套做法。这一体系，是雍正皇帝所实行的财政改革的重要组成部分。这一改革的要旨，则在于根据纳税者的居住地来编登税务记录，每一登录在案的家庭，有责任承担本县内任何应由其纳税的土地的完税事宜。凡由居住于县境以外的家庭所拥有的土地，则于另册分别登录，以此避免使得当地人为这些土地纳税。

称之为莱特瓦尔制（ryotwari），即政府的收入直接来自于自耕农（ryot），它需要一种不断的、永无休止的"结算"过程，对特定的纳税者应交纳的税额进行估算，并将他们所拥有土地数量和地点变化的情况记录在案。根据陆费琮在暴乱后所建议实行的制度，这种定期"结算"的任务若是施之于耒阳，则只能落到胥吏们身上了。[16]

然而，中国的县官和英属印度地方长官所处的环境是极不相同的。县官们其实是要看属下胥吏们的眼色行事的，这是因为，他们的为官生涯靠的就是及时完成纳税定额。这样一来，每个县官都会发现，自己必须和属下胥吏们同流合污。在耒阳的环境里——同中国无数贫穷县份的环境一样——胥吏们面临着保护自己生意利益的问题，这需要让纳税的农民处于债务奴隶的地位。在印度，由英国人授予的私人财产权利使得小土地持有者沦为高利贷者的牺牲品（由于向私人土地持有者贷款较为安全，高利贷者的资本因而被吸引过来）。这种可怕的后果，是英国人所始料不及的，而当他们发现这一点时，却已经太迟了。中国的情况与此形成对照。在耒阳这样的地方，人们沦为债奴成为税收体系有机的一部分、甚至是必不可少的特征。高利贷者是将县官同农村纳税者连接起来的基本纽带，而他们正是在官府衙门的咫尺之外从事着这种生意勾当的。

财政改革和国家对革命的超越

在耒阳所发生的暴乱，是19世纪40年代由生员所领导的

---

[16] Eric Stokes, *The English Utilitarians and India* (Oxford: Clarendon Press, 1959), pp. 21–25.

诸多起事当中的一件。暴乱参与者行为失控，则是他们无望无助的写照。同其他类似事变[17]一样，耒阳暴乱所揭示的，是在18世纪后期相对富足的几十年间已在农村生活的表层之下积聚起来、而到了19世纪经济危机期间危害性暴露无遗的社会罪恶。清政府对于这些暴乱的反应则表明，各省当局对于造成这些暴乱的社会及机制上的根源是理解的。

这一时期最富有激情的改革者们——包括魏源在内——都认为，耒阳暴乱证实，他们此前关于漕运制度弊端的所有看法，尤其是关于这种制度为贪得无厌的中介掮客们提供了可乘之机的看法，都是正确的。魏源写道："胥役故虎而冠，凡下乡催征钱粮漕米，久鱼肉其民。"同胥役之流相比较，自封为中间人的生员们也好不到哪里去。这些唯利是图的集团之间相互对立、勾心斗角，侵蚀着官方对于农村社会的控制。[18]冯桂芬对于生员作为地方社会中的税收掮客，也颇为不齿，尽管他同时也知道，耒阳暴乱发生的真正原因在于官府施政的错失。[19]他们两人都把控制或根除中介掮客的问题，当作中国根本性议程中应当予以最优先考虑的问题之一。这样的一种议程，是中国在这以后的任何一届政府都会遇到的。

一

那么，我为什么在讨论集体化农业时，要从发生于19世纪的一场税收暴乱谈起呢？对此持反对意见的人们或许会说，

---

[17] 关于类似事件的相关文件，参见 Philip A. Kuhn and John K. Fairbank, *Introduction to Ch'ing Documents: The Rebellion of Chung Jen-chieh* (Cambridge, Mass.: Harvard Yenching Institute, 1993).
[18] 魏源："湖北崇阳县知县师君墓志铭"，《魏源集》，第338页。
[19] 冯桂芬："耒阳记闻"，《显志堂集》（台北：学海出版社1981年重印本），卷四，第36–37页。

在耒阳暴乱和人民公社这两个时代之间，横亘着的是一场革命。然而，由革命所造成的改变，在一些方面会远远胜过另一些方面。我的探讨，受到了托克维尔（Alexis de Tocqueville）所著《旧制度与大革命》（*L'Ancien Régime et la Révolution*）的启示：正是旧体制为新体制的产生准备了条件。尽管中国革命带来了很多变化，但就革命所要解决的根本性问题而言，它却在某些方面仍然反映了帝制晚期和民国时期的一些基本考虑。托克维尔关于法国革命的历史叙述描绘了这样一幅图景：法兰西国家有着长期以来便存在的一定之规，其历史既成为革命的前奏，又在革命中生存了下来。当我们谈到"中国现代国家"时，是否也可以简要地说，它成形于帝制晚期，而在1949年的革命中生存了下来？那么，是哪些根本性问题、以及哪些由政府所推行的政策在将新旧制度区分开来的鸿沟上架起了桥梁？我们的探讨，将集中在国家如何通过坚持不懈的努力来对付那些在耒阳事件中表现出来的财政顽疾。

在这里，我们可以将托克维尔关于国家议程延续性的研究范式当作参照。在波旁王朝时期的法国和帝制晚期的中国，政权都出现了不完全的中央集权化和官僚化。在法国，王室的一些行政职位成为其占有者的私人财产（也就是可以买卖和继承的）。这同中国的亚官僚阶层（即胥吏阶层）的情形是相似的，在他们身上，政府的商业化最为清晰地表现了出来。然而，托克维尔坚持认为，旧的君主国家尽管按照现代的标准并非尽善尽美，但它使得政府有效地脱离了封建权势力量，从而在本质上建立起了中央集权的官僚行政机构。在托克维尔所处的时代，所谓"现代的"官僚国家，"随着围绕着它而产生的一切被剥离之后"，无非就是一种比之旧体制已有的建树更为纯粹的国家形式。[20] 对托克维尔来

---

[20] Alexis de Tocqueville, *L'Ancien Régime et la Révolution* (Paris: Callimard, 1967), p. 128.

说，旧体制是一种带有弊病的中央集权的官僚行政机构。

托克维尔想要表达的是，就现代国家行政机制的发展而言，法国革命其实并不一定是必须发生的。然而，18 世纪法兰西国家离一种官僚机制的距离甚至比托克维尔的想象还要大。托克维尔所描述的中央集权并不包括真正意义上的职业化的行政机构，也不具备将私人资金从公共资金中分离出来这个官僚科层制度的关键性特征，这是因为，大量的公共资金是由会计师们当作一桩生意来处理的。用一位在这个问题上的权威人士的话来说，法国旧制度下中央集权的各机构实际上"将贵族统治和私人生意结合了起来"。[21] 革命前夕的法国政府在财政上的弱点，正是由这种结合而产生的。对于法国革命时期的国家和此后拿破仑时期的国家来说，要同贵族和特权作斗争，就意味着要为实行更为有效的税收而建立起公共服务的新原则。

虽然说，托克维尔关于法兰西现代国家的官僚行政机制并非凭空构建起来的看法显然是正确的，然而，商业与特权因素的存在使得波旁王朝晚期的财政体系对于纳税者来说如此昂贵、而对于国家来说却又如此缺乏效率，托克维尔也许低估了法国革命在摧毁这些因素时所起到的作用。我会在以下指出，

---

[21] John Francis Bosher, *French Finances, 1770—1795 : From Business to Bureaucracy* (Cambridge, Eng. : Cambridge University Press, 1970), p. 276. 由税务总管所经手的税收总额（gross taxation）和税收净额（net taxation）之间的差别，大概至少有百分之二十。参见 Peter Mathias and Patrick O'Brien, "Taxation in Britain and France 1715—1810: A Comparison of the Social and Economic Incidence of Taxes Collected for the Central Governments," *Journal of European Economic History* (1976), pp. 645 – 646. 公共财政中的商业因素使得 18 世纪后期的法国王室"更像是金融机构的客户，而不是金融机构的主人"。参见 Wolfram Fischer and Peter Lundgreen, "The Recruitment and Training of Administrative and Technical Personnel," in Charles Tilly, ed., *The Formation of National States in Western Europe* (Princeton, N.J. : Princeton University Press, 1975), p. 496。

在中国，旧体制为新体制的产生准备了条件，但与此同时，我不想低估中国革命将商业和特权因素从财政制度中"剥离出去"所起的作用。中国的情况同法国一样：只有在社会体系发生基本的变化之后，国家本身的根本性改造才是可能的。[22]

除了最底层之外，中国政府并没有把税收的权力"承包"出去——这种权力是既不能买卖、也不能租赁的。用韦伯（Max Weber）的话来说，在中国，朝廷所要对付的是那种根深蒂固的"创收"政治文化。尽管巡抚和知县们并不"拥有"自己的官位，但他们却有着相当于皇帝授予的权力来征收税赋。自18世纪20年代以后，官员们所得到的俸禄已不再是微不足道的了，但仍然远远不足以支付家用和维持自己的幕僚班底。因此，官员们必须自己寻求解决的办法——只向中央政府交纳税赋中明文规定的部分，而将其余部分克扣下来，留为己用。[23]这就是为什么一个看上去似乎穷得叮当作响的地方衙门，在交税纳费的平民百姓的眼里，却是富得脑满肠肥。由于官方体系的下层（县衙门和那些胡作非为的胥吏们）充满着生意经，19世纪的中国国家面临着一种令人烦恼的畸形现象：农民们因为不堪忍受苛捐杂税而揭竿而起，而国库收入却依然不敷开支之需。在路易十六时期的法国，这种情形也是为人们所

---

[22] 丘奇（Clive Church）在反驳关于法国行政机构在1789年前已经被决定性地官僚化了的看法时，还坚持认为，"如同韦伯（Weber）会说的那样，当达到某一点之后，除非'支配'的本质发生变化，变革便无法继续推进。"Clive Church, "The Process of Bureaucratization in France, 1789—1799," *Die Französische Revolution—zufälliges oder notwendiges Ereignis?* (Munich: Oldenbourg Verlag GmbH., 1983), vol. 1, p. 126。

[23] 关于这个问题，曾小萍（Madeleine Zelin）有深入研究。参见 Madeleine Zelin, *The Magistrate's Tale: Rationalizing Fiscal Reform in Eighteenth-Century Ch'ing China* (Berkeley: University of California Press, 1984), 尤其参见该书第二章。

熟悉的。[24]

自从1644年征服中国之后，清政府一直试图对农业税收予以保护，使之不受中介捐客们的侵扰。清代前期，官方的报告便将捐客们"包揽"纳税的做法和"诡寄"这个自古以来便有的现象联系在一起（所谓"诡寄"，就是将平民的土地寄放在地方上某个拥有特权的权势人物名下，从而逃避税收）。虽然在清朝从明朝承袭而来的刑法中"包揽"是被禁止的，但仍然在18世纪的中国成为越来越普遍的现象。

清朝统治者的财政政策，是将农民的税负保持在较低的水平之上，同时对拥有土地的地方精英百般威胁，不让他们插在国家和农民之间。大地主一旦成为税收捐客，便会对朝廷的利益构成最大的潜在威胁。除了推行一系列有利于小土地拥有者（在朝廷的眼里，他们在缴税这件事上比大地主们驯顺多了）的政策之外，官府还对逃税大户实行严厉制裁。[25]满人作为"外来者"，从来没有受惠于中国最富有省份——尤其是长江三角洲地区——的大地主们，因而在税收上也对他们毫不留情。

---

[24] 官僚行政机制本身在多大程度上商业化了？至少，在一部分生活在那个时代的人们看来，商业精神的渗透已经远远超越了下层胥吏，而进入到上层精英中去了。顾炎武于17世纪所写的下面这段话发人深思："君子不亲货贿，束帛戈戈，实诸筐筐，非惟尽饰之道，亦所以远财而养耻也。万历以后，士大夫交际多用白金，乃犹封诸书册之间，进自阍人之手。今则亲呈坐上，径出怀中，交收不假他人，茶话无非此物。衣冠而为囊橐之寄，朝廷而有市井之容。若乃拾遗金而回管宁，倚被而酬温峤，曾无愧色，了不关情，固其宜也。然则先王制为筐筐之文者，岂非禁于未然之前，而示人以远财之义者乎？以此坊民，民犹轻礼而重货。"《皇朝经世文编》，卷三，第2页下－第3页。虽然明朝后期的官位是不能买卖的，但很清楚，那时商业精神已经渗入官方体系。事实上，从18世纪起，政府已经通过不时出售学位甚至官位，而促进了其本身的商业化。到19世纪末，这种做法已经成为公众丑闻了。

[25] 关于清初的税收政策，参见刘翠荣："清初顺治康熙年间减免赋税的过程"，载周康燮主编：《中国近三百年经济史论集》（香港：崇文书局1972年版），第1卷，第13－33页。

1661年，数以千计拥有土地的绅贤名流因为逃税而受到惩处，有的甚至遭到廷杖和监禁。然而，自1661年以后，这种用镇压方式处置逃税行为的事情却没有再发生过，逃税现象也不断恶化。在1662—1722年在位的康熙皇帝相对宽松的统治之下，各种惩处措施、尤其是针对上层精英的惩处措施也渐渐松弛了下来。到18世纪初，精英阶层逃税漏税的现象已经在地方上普遍流行开来。为了避免和地方贤良发生冲突，县官们习以为常地将由此而产生的税额亏空列入"民欠"的名目之下。

到18世纪20年代，由包揽纳税的中介掮客们所造成的税收损失引起了北京的高度警觉，雍正皇帝因而痛下决心，要彻底结束地方精英庇护他人土地的行为，并特别注意到了下层精英在税收上自行其是的做法。使得他龙颜不悦的是，生员们自称"学户"（如果他们捐得了"监生"，便自称"官户"），向地位低下的族人收取税赋。从1726年开始，雍正皇帝连番下诏，将包揽交税者交付法办。偷逃税赋者——甚至包括进士和致仕官员在内——将受到更为严厉的惩处。然而，尽管包括江南富豪在内的可疑嫌犯们受到了紧锣密鼓般的调查，却没有几桩案子被拿到堂上审理。到了1732年，当雍正皇帝发现地方精英偷逃税赋的行为极为普遍，而地方官员对于处置这件事情却极不情愿时，不得不放弃此事。对于精英上层来说，他们所拥有的事实上的税赋豁免权利，起到了保护财产私有的作用。而对于精英下层（即生员们）来说，这种事实上的豁免则给了他们从事包揽交税的生意的机会。雍正皇帝的继位者是不那么严厉的乾隆皇帝——他把严厉的惩罚留给了文字狱。他也发现，要彻底铲除地方精英们在税收上趟浑水的行为是办不到的。在农民们的眼里，正是精英们那种在偷逃税赋上无所不能的本事，使得他们成为最理想不过的税收掮客。对小土地拥有者来说，上面规定"自行交纳"税赋的做法（在有些地方，这种规定自16世纪30

年代起便开始实行,其形式则与印度的莱特瓦尔制有相似之处),既麻烦又费钱,而在交税事宜上同县衙胥吏们直接打交道更有带来灭顶之灾的危险。相形之下,那些地位较高的人物(如那些做着包揽交税生意的生员)能够在农民和国家之间扮演适当的——有时甚至是不可或缺的——缓冲角色。[26]

然而,如果雍正皇帝对于百年后将发生之事能够未卜先知的话,那么,他对于地方税收捐客的不祥预感便显得太苍白无力了。这是因为,发生于19世纪初期的经济危机,使得原来主要属于财政上的问题转变成了政治上的威胁。18世纪20年代,雍正将代交税款的行为视为对于国家财政收入的威胁;而到了19世纪40年代,在他的曾孙道光皇帝的眼里,这种行为则威胁到了朝廷的安危。那些靠着人们住地和应纳税土地之间纠缠不清的关系而过活的中介捐客,现在成了武力暴乱的领导人。

对此应当如何应对?诸如耒阳暴乱那样的案例表明,清统治者知道,县衙门的商业化已经影响到了各县的税收。但在这种情况下,他们却没有什么办法来对付问题存在的深层原因。虽然说,他们明知胥役、里差等人恶贯满盈,但让阳大鹏之流来控制地方社会也不是一种可以接受的解决办法。到头来,便只有军事镇压这条路可走了。如果让地方上的显要人物担当起武装民团的领导责任,并自行收取各种杂费杂税,看来只不过是灾难的前奏。

然而,历史环境的变化很快便改变了朝廷对于这个问题的

---

[26] 《大清会典事例》(光绪朝本)(台北:中文书局1963年重印本),卷一七二,第18-19页。在山本英史所著的《雍正绅衿抗粮处分考》(载《中国近代史研究》,1992年7月号第二季度第8-115页)和《绅衿による税糧包攬と清朝国家》(载《東洋史研究》,第48卷第4期,第40-69页)两篇文章中,对此作出了具有权威性的论述。关于代交税款者的身份问题,参见薛允升:《读例存疑》(台北:中文研究资料中心1970年版,5卷本),第2卷第328页。雍正皇帝关于惩办精英偷漏税赋的诏谕,见该书第2卷第324页。

第三章　从耒阳暴乱到农业集体化

看法。1844年12月，阳大鹏的脑袋被割下来示众。仅仅十年后，朝廷便发现，自己开始支持由地方精英领导并依赖于地方资源、遍布于中原各地的各种武装民团，而它们同阳大鹏当年在耒阳的民团组织其实并没有多大的差别。这样做有着不得已而为之的原因，那就是对付太平军的叛乱，并维系现存的统治秩序。地方民团武装的领袖们招兵买马，并在自己的地面上收取各种杂费杂税，来蓄军养兵。在耒阳事件时还不可想象的情况，到了十年之后，已成为朝廷用以对付敌对力量的条件。

然而，即便在这种绝望的境地下，我们仍然可以看到，国家竭力试图限制财政上的损害。在这里，起到了领导作用的是儒生出身的将领们，他们的部队现在处在太平军和清王朝之间，而他们的直接目标，则是为自己的部队筹集军饷。地处长江中游的湖北省的情形，提供了这方面的一个例子。即便其部队还在同太平军展开激战时，湖北巡抚胡林翼即在全省范围内推行了一系列税务改革。他通过减少政府所规定征收的税赋的总额，来鼓励土地拥有者们全额缴纳税款，并通过采用新的登录体系，更有效地确定纳税者的责任。这里的关键在于，同清代以来的财政政策一脉相承，土地拥有者和他们的居住地被牢牢地联系在一起。每一个地块都同居住在同一纳税区域的某个人硬性连接起来。为了将中介掮客们排挤出去，税务改革的措施还包括为已经广泛商业化的各种附加税费设立"上限"，并由地方上为人可靠的文人绅士来负责税收事务。[27]

大清帝国已是日薄西山，上述改革以及其他财政方面的改

---

[27] William T. Rowe, "Hu Lin-i's Reform of the Grain Tribute System in Hupeh, 1855—1858," *Ch'ing-shih wen-t'i*, 4. 10（December 1983），pp. 33 – 86. 在长江中游省份推行税制改革的先行者是时任湖南巡抚的骆秉章。参见 Wang Yeh-chien, *Land Taxation*, p. 35。

革，很大程度上并没有产生效果。[28]无论是官方体制中自行"创收"的特点还是地方政府的商业化，其根基实在是过于深厚了。然而，短期来看不管这些改革是多么无用，它们却表明，税收中的中介掮客问题和由土地和居所之间关系而产生的财政问题，在旧体制的议程上始终占据着前列的地位。

财政改革与20世纪的国家建设

中国在义和团叛乱期间饱受羞辱，此后，清政府面临着两项急迫的任务：第一，从农村社会榨取更多的收入，以便支付西方列强所索取的巨额赔款并实现中国军队的现代化；第二，仿照日本建立君主立宪体制，从而使得清王朝能够起死回生。两者都要求以新方式来处理地方税收问题。

通过20世纪头十年间发生的宪政改革，中国历史上首次建立起了地方性的税收基础。这十年间参与地方自治运动的商人和生员，争取到了在自己的社区为建立诸如西方式的警察和学校之类的项目（这仅是几个花钱较多的例子）而收税的权力。对于地方精英来说，这是一个从他们的宿敌——县里胥吏这样的亚官僚们——手中夺取财政权力的机会。然而，从国家的角度来看，"地方自治"产生的是一个同国家争夺收入来源的讨厌的竞争者。自民国初年起，常规官僚行政机构便竭力试图重建自己对于地方税收的控制。在蒋介石南京政府的领导之下，各省当局尽了最大的努力，试图将地方精英从税收体系中

---

[28] 关于湖北财政情势的恶化，参见屠仁守1884年5月11日的一份奏折，载王先谦：《光绪朝东华录》（上海1909年版，北京：中华书局1984年重印本），第1701页。

挤压出去。南京政府反对"土豪劣绅"(他们同耒阳的阳大鹏大概没有什么区别)的运动,使用的是大众化的语言,但实际上,对此更恰当的理解应是:这是为更加牢固地控制农村地区的税收资源而走出的重要一步。除了对地方精英的控制之外,南京政府(以及其后的日本占领当局)积极地促使地方政府深入乡村,在县城和村庄之间建立起了新的行政单位。最后,这一行政单位大致上按照农村集市的范围建立起来,也就是"乡"。[29]

将税收体系重新置于国家的行政控制之下,是旧体制关于国家建设的议程中根基最牢固的一部分。然而,民国时期的财政史,更是一部规模扩大、而不是根基加固的历史。正如战争在欧洲的国家建设中起了作用一样,民国时期中国的混乱局面迫使政府从农民那里汲取更多的剩余产品,以便维持不断扩大的军队的供应。

在新增税收中,人们最憎恨的是军阀们随意征收合法性很成问题的各种"摊款"。由于缺乏关于应纳税土地的可靠资料,当局索性要求每个村庄支付一笔任意确定的费用,然后,由当地的保甲长们来负责完成费用的摊派交纳事宜。这种体系造成了农民的沉重负担,但它具有将应纳税土地和人们的居所联系起来的效用,这是因为,一个村庄现在有必要建立起清晰的地界,从而在其控制范围内确定应纳税地块的相互界限。摊款的做法也具有政治上的影响,由于保甲长们掌握了摊派和征收税费的权力,结果,他们在地方政府中的作用也更为突出了。[30]

当毛泽东在天安门城楼上宣布旧体制寿终正寝之时,他的

---

[29] 杜赞奇对这一过程作过极为出色的论述。参见 Prasenjit Duara, *Culture, Power, and the State: Rural North China, 1900—1942* (Stanford, Calif.: Stanford University Press, 1988), pp. 58 – 85。

[30] 同上书,第 71 页注。

新政权实际上已经成为民国时期一些创新现象的继承者，其中包括，由国民党所留下的县以下政府更为完善的网络，以及采取行政措施把几个村庄连在一起，从而将土地和居所连接起来，等等。再追溯下去，我们可以发现，在努力将未经授权的中介掮客从税收体系中排除出去这一点上，中国进入20世纪的所有政权都继承了旧王朝在这方面曾有过的雄心。我们现在必须做一番详尽的考察，看一看毛泽东时期的农业集体化是怎样归入这一行政演变进程的。

一

在农业集体化的背后，我们可以看到中国现代国家所最为优先考虑的问题。这是由农业收入和工业化需求之间的交叉关系所决定的。集体化为将这两者联系起来提供了一种新的途径。对于新政权所面临的财政收入问题，可以从两方面来加以理解。第一，它面临着我们已经很熟悉的那种挑战：让政府能够保持掌控农民的剩余产品的通道，而不受到那些贪婪及自我保护的中介掮客们的阻拦。第二，这涉及到了一个在很大程度上为共产党掌权前的20世纪历届政权所忽略的问题：通过资本投入或者对于社会的重新改组，在实际上使得农业的产出得到增加。

长期以来，革命者便是农村中介掮客的死敌。共产党人同先前的清政府和民国时期历届政府一样，也将中介掮客视为农民的压迫者，同时也是对于国家的威胁。共产党人现在使用阶级斗争的语言，将他们界定为剥削者，而几乎完全没有提及他们对于国家收入的阻碍作用。然而，这是任何一个国家——尤其是处于工业化过程中的国家——所绝对不能够长期忽视的问题。

到了1952年，"土地改革"的进程已经完成。地主和富农的土地遭到了没收，并分配给了无地农民。一个庞大的小土地拥有者阶层由此而被创造了出来,并被乐观地称为"新中农"——尽管他们中的大多数人其实只是得到了仅够维持起码生存条件的土地。土地改革的基本组成部分,是将地方上的精英阶层当作一种经济和政治力量予以摧毁,并常常通过对他们的镇压来实现。然而,在多数情况下,土地改革所影响到的精英阶层并不是大土地出租者(他们中的大多数已经离开乡间,住在城里),而是有一些出租土地或雇工的富裕农民。很多人还是乡村中的小办事人员,在村里担任保甲长,为旧政权收集税赋,大概也没有被当作"地主"的资格。作为一种政治措施,土地改革消灭了一个通过其"作为"而使得很大一部分税赋收入到不了国家手里的"国家代理人"阶级。共产党人用以取代他们的那些人,是从农民中最为穷苦的阶层中选拔出来的。这些人所获得的一切都来自于共产党,他们因而不仅支持新政权,也非常乐意为新政权服务。

由于"新中农"缺乏为从事有效的农业生产所需的足够的土地、农具和牲畜,新政权很快便将他们组织为"互助组",共用农具和劳力。当时的急迫任务是经济恢复。虽然合作化是最终目标,但似乎是一件属于遥远未来的事情。然而,当农村经济开始恢复时,一些过去便存在的政治问题引起了各省领导部门的警觉:贫富分化重新露头,一个"新富农"阶级似乎正在出现,并在控制中国乡村以及剩余农产品的问题上成为国家的竞争者。这个问题,首先是在地处华北并长期为共产党所控制的山西省被察觉的。1951年4月,中共山西省委发出警告道,由于农村经济的恢复和发展,"互助组织中发生了涣散的情形",实际上已经受到了削弱。农民的自发力量"不是向着我们所要求的现代化和集体化的方向发展,而是向着富农方向发展"。如果听任这种趋势继续发展下去,其结果或者是"互助组涣散解体",或者是"互助组变成富农的庄园"。随着贫农出身的干部转变为"富农",党的掌控力量正不断地被削弱。省委建议,应当"扶植与增强互助组内'公共积累'和'按劳分配'两个新的因素,……引导互助组逐步走向更高一级的形式"。省委主张,"对于私有基础,不应该是巩固的方针,而应当是逐步地动摇它、削弱它,直至否定它"。[31]

山西的问题,按照地方干部的看法,起初是作为一个由国家掌控农业剩余产品的问题而出现的——这基本上也是一个旧政权曾经面临过的问题。但在党的最高层,关于这个问题的争辩是以促进生产为前提而展开的。在这方面,山西的例子揭示了此后事态发展的前景。在党内高层的一些领导人看来,山西省委的建议是不成熟的。他们坚持认为,中国经济发展仍然处于初级阶段,要发展生产,仍然需要依靠最有能力的那部分农民的个人积极性,因此,谈论废除私人土地所有制的问题还为时过早。但是,毛泽东对这些人的意见持否定态度,党从1953年12月开始积极扩大合作化运动。斯大林的继任者马林科夫对于苏联农业化获得成功的大肆鼓吹,也大大加强了毛泽东的看法在中共领导人中的影响。[32]

然而,中国的农业集体化是在新政权面临着如何保证城市供应这一严重问题时发生的。在解决城市的粮食供应问题时,北京曾一度更多地依靠市场购买,而不是依靠征收粮食税。但是,随着需求增加造成粮食价格的上涨,就不能不寻求新的解决办法了。我们在这里所看到的是,旧政权所面临的收入来源

---

[31]《农业集体化中央文件汇编》(2卷本,内部发行,北京:中央党校出版社1981年版)。该书重印了关于合作化的原始文件,包括许多首次发表的中央文件。关于山西的例子,参见该书第1卷,第35—36页。关于山西省委1951年4月17日的建议,参见薄一波:《若干重大决策与事件的回顾》(北京:中共中央党校出版社1991年版),第1卷,第184—211页。
[32] 薄一波:《若干重大决策与事件的回顾》,第1卷,第363页。

问题在现代条件下改头换面地出现了。工人队伍的迅速扩大，对国家提供粮食供给的能力造成了巨大的压力。中央于1953年作出决定，将通过农业税获得的粮食数量稳定在一定的水平上，这就意味着粮食需求的增加必须通过与私商的竞争，经由市场购买而获得满足。在这种情况下，需求的增加将粮价推到了更高的水平。为了确保城市能够得到低价粮食的供应，中共领导层于1953年下半年采取措施，规定农民要按照一定的数量和价格出售粮食。最初，这套方法在讨论中被称之为"征购"，但因为这是一个日本人在占领时期曾经使用过的名词，以后改而采用不那么吓人的"统购"一词。[33]农产品私人市场被取消了；粮食的收购和销售都要由政府机构负责进行。

"统购"的实行，是中国税收历史上迈出的具有重要意义的一步。对于中介掮客们来说，这确实是一个沉重的打击。但更重要的是，这不仅保证了国家对于农民剩余产品的占有份额，而且还更进一步，在实际上增加了这种份额。国家不仅通过指令来规定粮食价格，也通过指令来规定农民向国家出售粮食的数量。因此，这是国家汲取粮食的一种强有力的手段，尽管国家从来没有公开地承认这实际上是一种税收措施。[34]国家税收的加强，和它从农民那里按照指令性低价所汲取的粮食的数量等同了起来，同时，也和它通过在实际上限制农民自留口粮而从农民处超额汲取粮食的数量等同了起来。

然而，"统购"所无法做到的，是在实际上增加农业的产量。农业剩余产品的增长是缓慢的，难以满足农民和迅速扩大的城市工人队伍的需要，因而也就难以成为现代工业化国家的

---

〔33〕 薄一波：《若干重大决策与事件的回顾》，第266页。
〔34〕 这种模糊性，同唐代后期以及宋代所实行的"和籴"措施并无不同之处。后者主要以充实地方粮仓为目的，并经常被指控为改头换面的税收。

基础。毛泽东认为，合作化可以提供解决问题的方法。西方国家通过缓慢的资本积累所取得的成就，在中国可以通过集体管理和群众性教育而迅速得到实现。

1953年10月，毛泽东就农村私有制发出警告道："个体所有制的生产关系与大量供应是完全冲突的"，而集体化则是"提高生产力，完成国家工业化"的前提条件。[35] 两年后，在合作化进程加快的前夕，毛泽东对党内那些主张合作化应谨慎缓行的人提出了严厉批判：

> 这些同志不知道社会主义工业化是不能离开农业集体化而孤立地去进行的……我国的商品粮食和工业原料的生产水平，现在还是很低的，而国家对于这些物资的需要却是一年一年地增大，这是一个尖锐的矛盾。如果我们不能在大约三个五年计划的时期内基本解决农业合作化的问题，……我们就不能解决年年增长的商品粮食和工业原料的需要同现时主要农作物一般产量很低之间的矛盾，我们的社会主义工业化事业就会遇到绝大的困难，我们就不可能完成社会主义工业化。[36]

到1955年秋，毛泽东已经使得全党相信（或者迫使全党相信），只有农业集体化的加速实行才能够支持工业化的发展。那么，什么是集体化和"统购统销"之间的关系？我认为，正

---

[35] "关于召开第三次农业互助合作化会议同陈伯达、廖鲁言的谈话"（1953年10月15日），载《建国以来毛泽东文稿》（北京：中央文献出版社1990年版），第4册，第359页。

[36] 毛泽东："关于农业集体化问题"，载《农业集体化中央文件汇编》，上卷，第369页。在这里，毛泽东使用的是"合作化"一词，但从这一词汇当时的实际含义来看，其实就是我们今天所说的"集体化"。

是在这里,我们可以找到当时的情势同旧政权所面临的"根本性问题"之间的关联。税收的基本单位,也包括"统购"的基本单位,是集体化之后的单位。用这一税收制度的设计师之一薄一波的话来说,那就是:

> 合作化后,国家不再跟农户发生直接的粮食关系。国家在农村统购统销的户头,就由原来的一亿几千万农户简化成了几十万个合作社。这对加快粮食收购速度、简化购销手段、推行合同预购等都带来了便利。[37]

合作社的领导人成为国家在农村的税收代理人。从某种意义上来说,他们所领导的社会单位,在具有改革思想的清代官员的眼里实在是再理想不过的了。在各个村庄实际上已被连接起来的情况下,土地和人们的居所也被联系在一起。现在,要确定千千万万小块土地的纳税责任再也不会存在什么问题了。税收记录也再不会因为土地转让而出现混乱,因为土地现在已经不能转让了。最后,市场体系也不复存在。

然而,对于中国来说很不幸的是,这种高效率的汲取体系在1958年大跃进期间造成了极大的损害。在这一体系之下,领导人对于生产力的乌托邦式的乐观估计导致了对于粮食的毁灭性汲取,并造成了广泛的大饥荒。尽管一位关于这个问题的权威性学者告诉我们,大跃进期间对于粮食的过度汲取是由错误而不是恶意所造成的,同时毛泽东也不是斯大林,但对于一个饥肠辘辘的农民来说,这里的差别也许并没有那么要紧。一

---

[37] 薄一波:《若干重大决策与事件的回顾》,上卷,第277页。有关对这一解释的支持性意见,参见金观涛、刘青峰:"中国共产党为什么放弃新民主主义?"载《二十一世纪》1992年10月号,第13—25页(在此,谨对陈永发告知我关于此文的信息表示感谢)。

旦这个体系处于运作状态时，它所具有的汲取性力量，无论被谁所利用，都是无情的。[38]

不管怎么说，由这个行政体系带来的不幸必定具有巨大的影响力。在许多地区，干部们对大饥荒的反应是，解散集体化农业并将土地交还给农民。然而，党并不愿意放弃国家对于农村经济的控制。在20世纪60年代初期的调整收缩过程中，集体性生产组织和核算缩小到以自然村为单位，在这样的规模下，农民们可以直接看到他们的劳动投入如何从他们的收入中反映出来。然而，土地仍然被连接在一起，属于集体所有。

国家（现在由刘少奇站到了领导的第一线）认为，调整收缩的最重要的政治目标，是使得政府统治更有效地进入到乡村中去。在一些地区，由大跃进所带来的混乱使得税收难以进行，因为很多集体化组织实际上已经解散了。一位省级干部抱怨道，"政府要一家一户地去征集粮食"，这样做不仅从行政的角度来看相当麻烦，而且还"加深了政府和农民之间的矛盾"（那就是，激起饥肠辘辘的农民反对政府）。[39]

解决的办法，是把较大的带有社会主义性质的所有制单位（即公社和生产大队）转变为行政和提供社会服务的机构。实际上，这也意味着政府进入到了大村庄的层次，而在帝制时代，国家是将这一层次的治理留给它很难控制的地方精英和纳税农民的。虽然说，人民公社属于"政社合一的集体经济组织"的说法在政治上仍然是对的，但事实上，它的最重要的资产——土地所有权——已经失去了。公社作为大致相当于民国

---

[38] Thomas P. Bernstein, "Stalinism, Famine, and Chinese Peasants: Grain Procurements during the Great Leap Forward," *Theory and Society*, 13:3 (1984), pp. 339-377.

[39] 《农村集体化中央文件汇编》，第2卷，第561页。中共安徽省委决议，1962年3月20日。

时期的"乡"（或"镇"）的行政机构，其领导人来自于其他地区，由国家任命并从国家支薪，从而成为国家对于县以下各级实行控制的可靠工具。尽管国民党时期的地方政府也曾经将控制伸展到县级以下，但它的有效行政运作至多只是达到了比"乡镇"要大得多的"区"一级。因此，20世纪60年代中国乡镇行政化的实现，也意味着国家对于乡村控制的实质性扩展。

由于大跃进后的调整收缩，社会主义规模的缩小同行政控制的强化混和在一起。1962年发布的一份类似基本章程的文件——即《农业六十条》——将这一体系正式肯定下来，并对此后十七年间的中国农村秩序作出了实质性的界定。简而言之，土地改革和集体化在行政上的作用，不啻于国家在更为深入的层次对于农村社会的渗透，也使得国家能够对农村实行更为强有力的汲取。

20世纪60年代中后期，毛泽东的激进政策重新抬头，并再度使得人民公社成为中国乡村经济生活中的一种强大力量。然而，我以上所讨论的20世纪60年代初期的调整收缩和乡镇行政化，却代表着未来潮流的方向。到1983年，邓小平肯定了将乡镇行政机构和农村经济区分开来的做法。即便在人民公社制度瓦解的情况下，国家对于农村社会的行政渗透仍然生存了下来。[40]

集体化体系的目标，在于使用比以往任何时候都更为坚定的手段，将中国劳苦农民的产品收集到国家手中。毫无疑问，旧政权试图不经由中介力量而将国家和农村生产者直接连接起来的想法，为集体化的试验提供了历史的借鉴。怎样控制中介掮客或将他们排除出去，以及怎样将纳税的责任固定地建立在人头居所的基础之上，这也是新政权要以革命的方式来处理的

---

[40] Robert Ash, "The Evolution of Agricultural Policy," *The China Quarterly*, 116 (December 1988), pp. 529–555.

问题。但是，如果新旧政权的议程存在着共同之处，这是否便意味着"革命"失去了意义？正如大跃进的后果所揭示的那样，当然不是。革命给旧日的精英文化带来了致命一击，而由于西方的影响，以及昔日的精英身份制度的衰败，这种文化本来便已经遭到了致命的削弱。如果说，满人在他们那个时代便对于旧的乡绅精英很少有亏欠之感的话，那么，共产党人更是绝不会有这种感觉的。在实行了新制度的农村地区，有效的地方精英力量早已不复存在。然而，更重要的是革命国家实现工业化的决心。新国家的各种需求，远远超越了旧政权之下——甚至包括国民党时代——的任何想象。那种国家只是满足于维持现状的时代已经一去不复返了。制定通过对农民的汲取来强行推动工业化的战略，以及掌握为实际推行这种战略所需的行政力量，都是没有革命便不可能发生的事情。

可是，为什么人民公社制度作为中国农村革命性改造的特征，其存在的时间相对来说却又如此短暂？为什么国家对于农村社会的渗透却如此坚定不移和持续不断？同集体化农业所混合在一起的，是旧政权的国家财政议程和毛泽东晚年关于理想社会的信念。今天看来，这种奇特的混合，为毛泽东的集体主义理念带来了一种似乎特别古老的外表。

1957年，人类学家费孝通重访当年他在江苏曾从事过田野调查的村庄，他的发现，可以用来说明毛泽东集体主义理念的复古性质。费孝通在村里看到，农村的丝绸工业已经凋零。市场体系的瓦解，同毛泽东所推行的农村社区粮食自给自足的政策结合在一起，使得每家每户的实际收入下降了。[41] 近两百多

---

[41] Tomoko Sazanami, "Fei Xiaotong's 1957 Critique of Agricultural Collectivization in a Chinese Village," *Papers on Chinese History* 2 (1993), Fairbank Center, Harvard University, pp. 19 – 32.

年来，中国农村盘根错节的市场体系的存在，使中国社会得以应对人口增长和土地短缺的压力。对于千千万万缺乏足够土地的中国家庭来说，因地制宜的耕作，市场化生产，以及劳务输出，是他们能够生存下来，而不至于陷入赤贫的原因之所在。关于自给自足的封闭式农村社区的看法，在中国古代政治思想中颇为常见，但是，这同现代社会的现实却是格格不入的。

如果说，我对于集体化的财政及历史根源的强调似乎有点单一原因论的倾向，那么，让我向读者保证，我的意图只是为了揭示，在中国现代和帝制晚期的种种表象背后，就其深层结构而言，旧议程会在新的环境下一再表现出来。集体化并不仅仅是"中国的又一个政府试图通过对于中介掮客的压制来增加收入"。这是一个关于旧有的需要如何在新的特定环境下被付诸实践的故事———一个关于意识形态驱动的社会改造工程为工业化中的经济提供资源的故事。包裹着这一工程的，无疑是一件马克思列宁主义阶级斗争理论和农业社会主义化的革命外衣。在此背景下，毛泽东将山西所发生的情况（以及可以预料一定会在其他地方发生的情况）视为阻挡党实现上述历史性任务的障碍。然而，毛泽东之所以会如此看问题，是基于他对于中国社会现实的了解。以他对于农村社会运作的深刻了解，山西的"富农"问题在他看来一定是一种再熟悉不过的不祥之兆了。这里的症结之所在，并不在于"富农"是否会变成一个新的剥削阶级，而在于他们是否会在党控制农民和农村剩余产品的努力中，演变为党的竞争对手。毛泽东肯定也知道，这种现象的历史根源是何等深厚——早在晚清，当他还在乡村中度过童年时，这种情形便一定是已经很明显的了。因此，毛泽东会发现，在他所处时代的现实生活以及意识形态的种种推动力量的背后，他所要应对的只不过是一种非常古老的议程在现代的翻版。

第四章　19—20世纪中国现代国家的演进
——根本性议程的改造与再改造

当和珅已经躺在坟墓里再不能兴风作浪之后,文人士大夫们才开始对和珅事件作出反应,展开了狂风骤雨般的口诛笔伐。半个世纪后,曾国藩将这一切比喻为"士骛高远"。[1]但我们如果还记得翰林院编修洪亮吉,以及他为带头打破和珅死后万马齐喑的局面而几乎送掉了性命的话,那么,曾国藩略带轻蔑意味的评论似乎便显得有点不公平了。1799年9月,距和珅之死七个月,洪亮吉写了一篇直陈时弊的《千言文》,其矛头所指并不是和珅本人,而是整个官场的不知检点和胆怯懦弱,这才使得和珅能够走得那么远。他还含蓄地批评了新登基的嘉庆皇帝未能着力于改革图新。士大夫纲纪松弛、营私舞弊的行径,引发了遍地的叛乱,这绝不能仅仅归之于某个权臣一人之胡作非为,而应当归之于官员这个群体的无动于衷。由于皇帝本人未能从百官处求言,参政言路"似通而未通",很少

---

[1] 曾国藩:"应诏陈言书"(1850年4月13日),载《曾文正公全集》(台北:世界书局1965年版),第2卷第3-5页。曾国藩在呈递给刚刚登基的咸丰皇帝的著名奏折中提出的主要看法是,先皇帝道光被迫对官员中的朋党活动予以压制,"以变其浮夸之习"。(这里,显然指的是军机大臣穆彰阿在鸦片战争后的霸道作风),但是,此种压制却使得官员们谨小慎微,对政府保持活力及效率起到了消极作用。

有人能够上达圣听,也很少有人敢于上达圣听,文武百官均"以模棱为晓事,以软弱为良图"。而嘉庆皇帝登基后,"赏罚则仍不严明,言路则似通而未通,吏治则欲肃而未肃"。情形如此,"万一他日复有效权臣所以为者,而诸里又群起而集其厅矣"。洪亮吉发表如此肆无忌惮的言论后,被判"斩立决"。嘉庆皇帝御笔一挥,改为流放,但其实心中对此却并不踏实。后来,在一场大旱之下,为祈天祷雨,嘉庆皇帝又下诏释放洪亮吉回籍。[2]

我们可以以将洪亮吉的行动视为"带有根本性质",因为他所批判的,是对于士大夫"言路开通"的种种现存限制;而他所要求的,则是通过文武百官的积极行动,而形成对于君主专制权力的制衡。然而,对于洪亮吉来说,这一切均取决于君主改革图新的决心,"士气必待在上者振作之,风节必待在上者奖成之"。[3]要掣肘专制暴政,必须依靠文人士大夫和君主的一体行动,而不能只依靠来自文人士大夫的反抗。

洪亮吉关于文人士大夫和君主一体行动的看法,也是魏源在这个问题上的看法,但洪亮吉那种求仁成仁的冲动,却是魏源所没有的。魏源那一代的改革活动家,将注意力集中在治国从政的具体问题上,他们的目标是实行经世致用的治国之道,而不是带有根本性质的改变。随着文人士大夫积极活动的展

---

[2] 在这个问题上的权威研究成果(包括洪亮吉《千言文》的英译文),为 Susan Mann Jones, "Hung Liang-chi (1746—1809): The Perception and Articulation of Political Problems in Late Eighteenth-Century China" (Stanford University, Ph. D. diss., 1972), pp. 162, 165, 170. 又参见《清史稿》(北京:中华书局1977年版),第356卷,第11310-11311页。关于对和珅的抗争和指控,参见 David S. Nivison, "Ho-shen and His Accusers: Ideology and Political Behavior in the Eighteenth Century," in Nivison and Arthur F. Wright, eds., *Confucianism in Action* (Stanford, Calif.: Stanford University Press, 1959), p. 242.

[3] 《清史稿》,第356卷,第11311页。

开，越来越涉及到中国生活中包括农村日益深重的经济危机在内的许多流行弊病问题。然而，魏源作为经世致用之道的最大鼓吹者，在自己著作中所表现出来的，却是根本性问题的考虑其实就存在于具体改革措施的表层之下，而且离表层并不太远。魏源相信，要想医治这个时代的种种弊病，尤其是要想克服那正在摧毁农村的经济危机，就需要文人士大夫们采取更为广泛的行动。那么，这种行动究竟应当多么广泛呢？同时，需要遵循怎样的原则，才能够不使得这种行动被戴上"朋党"的帽子？——在清代，这种帽子是可以将任何积极的政治作为都置于死地的。

魏源向读者表明，他极力赞同这样的看法：他称之为"士"的整个精英分子集团应当在全国性政治中发挥自己的作用。我们已经知道，魏源所说的"士"，其实就是我所谓的"文人中流"，也就是那些由于获得了举人头衔，因而能够定期到北京聚集赴试，并因此而成为不居官位的全国性精英阶层的成员。在魏源的时代，关于文人们即便没有官位也有资格就全国性政治问题发言的看法，仍属于激进之论。然而，很大程度上由于像魏源那样的"文人中流"担任各省督抚们的幕僚，这种看法已经具有了一定的现实基础。虽然幕僚的位置带有荣誉性质，但他们仍然同自己的主公有着平等的社会地位，其基础，则是精英身份中强调文化同质而不是官位差异的方面。然而，这种平等特质并没有延伸到精英阶层的最下端，未能惠及只是通过了县试、尚未获得"为官资格"的秀才等人。用魏源提到自己时的话来说，这是因为他们既然身为"下士"，又岂敢议政。[4]

魏源想要表达的是，文人参政是解决他所处时代问题的一

---

[4]《魏源集》，第398页。

种办法，如果能够实现的话，便能够使政治体制得到加强，起到防止像和珅那样以狭隘派系为基础的专横暴政的作用。同时，这也将产生更为广泛的动员作用，使更多人对于当时由货币危机所导致的经济和社会动乱作出反应。他显然还相信，这也将为加强王朝权力的合法性并使之长治久安，而做出贡献。但是，我们即便找遍魏源的著作，也看不到关于文人参与政治应通过什么机构或机制来实行的论述。

魏源和他的同道们的风格，是将注意力集中在具体问题上。而从19世纪20年代起，没有什么比之漕运问题更亟待解决、或更适于成为政治辩论的舞台了。大清帝国官僚行政机制中的这一部分，庞大、脆弱却又昂贵无比，已经对中国中部和东南部各省的行政机构造成了广泛的危害。根据魏源的估计，漕运的耗费失去控制已有一个多世纪之久（也就是说，这种情况从康熙年间便开始存在了）。在长江中下游各省份，漕运的毁灭性影响早已是司空见惯，但直到19世纪20年代，当货币危机使得任何滥用行政权力行为的成本都不断上升时，大规模改革的努力才开始出现。在长江流域征集粮食运往北京的费用之所以急剧增加，既是由于把收税当作生意经的官吏们的贪婪，也是由于大运河本身航运条件的恶化。魏源悲叹道："上既出百余万漕项以治其公，下复出百余万帮费以治其私。"[5]

不论是"以治其公"或"以治其私"，这些费用产生于一层又一层依赖于漕运体系的中介掮客。从力量对比计算的角度来看，没有哪个问题比解决漕运危机更能在各省官僚行政机构内部得到更为广泛的支持了：不仅官员们的为官生涯会由于未能完成漕运指标而被破坏，而且纳税人的愤怒也侵蚀着官府对于农村的控制。我们在前一章的讨论中已经提到，漕运税赋在

---

[5]《魏源集》，第413－416页。

耒阳以及其他各县引发了武装暴乱。魏源知道，对小土地拥有者的威胁，同时也是对国家的致命威胁。任何一个贪婪到连独立小农都加以摧毁的国家，也是一个在为自己挖掘坟墓的国家："有田之富民可悯更甚于无田。《硕鼠》之诗，幸其田之将尽而复为无田之民，不受制于官吏也，乌乎伤哉！"[6]魏源还引用《诗经》，就农民对这样的国家所可能做出的反应提出警告："适彼乐土，言将空其国以予人也。"[7]

然而，到了19世纪50年代，这一体系并没有得到多大改善。当太平军叛乱达到高潮时，冯桂芬的报告是，江南地区的漕粮正在撕裂社会。农民们以暴力手段来对付税收人员。他引用孟子的话说："夫民今而后得反之也。"[8]

对于19世纪20年代的改革者来说，对付上述问题的权宜之计是绕过昂贵的大运河运输体系，允许商人们通过海路将江南的粮食运往北京。魏源便相信，一旦通过海运缓解了江南农村爆炸性的局势，"无帮费则可无浮勒，无浮勒则民与吏欢然一家"。[9]各省的改革者们说服朝廷，置利益盘根错节的漕运司的反对于不顾，于1826年这一年实行了从海路运粮，但这一实验在这之后的二十多年里又被放弃了。[10]

---

[6]《魏源集》，第73页。

[7]《魏源集》，第72页；Couvreur, p. 119。

[8] 冯桂芬：《显志堂集》，第5卷，第33页。孟子是在一次民众起义导致了官员被杀的背景下发表这段言论的。参见 Legge, *Mencius*, p. 173。

[9]《魏源集》，第405页。

[10] 直到1847年，当道光皇帝意识到运河漕运的昂贵费用已经严重影响了向北京的粮食运输时，这一做法又得到实行。魏秀梅：《陶澍在江南》（台北：中央研究院1985年版），第102-118页；林满红："自由放任经济思想在19世纪初叶中国的昂扬"，载《中国历史学会史学集刊》，第25期（1993年），第127-128页；Jane Kate Leonard, *Controlling From Afar*: *The Daoguang Emperor's Management of the Grand Canal Crisis, 1824—1826* (Ann Arbor, Mich.: Center for Chinese Studies, University of Michigan, 1996)。

上述争取通过海路实行漕运的做法，揭示了19世纪20年代改革思潮的局限性。魏源解决问题的方案，着眼点不在于改造地方行政机构，而在于缓解小农的财政困境。通过海路实行漕运，能够在不涉及根本性问题的情况下，减轻乡村的最直接的负担。然而，比魏源年轻的冯桂芬（他在太平军到来前便逃离家乡并亲眼目睹了第二次鸦片战争的屈辱）却要激进得多。他为医治农村顽疾所开出的，因而也是一副猛药：在乡村社会中建立起更为完善的政治控制网络。

19世纪30年代，漕运作为改革焦点的地位，几乎在瞬息之间便为沿海地区的危机所取代了。鸦片问题以及随之而来的大清帝国同英国的战争，造成了中国政治局面的动荡不安。19世纪20年代相对来说较为变通的改革思潮，也让位给了对于顽固不化的权势势力的道义谴责。在要求实行不妥协的禁烟政策的文人派系中，包括着诸如魏源的朋友龚自珍这样的真正的"局外人"。从19世纪30年代后期起，对于西方实行武力对抗政策的诉求来自积极活动的文人，而他们中的很多人或者是下层官员，或者根本就没有任何官位。[11]

自从19世纪20年代起，魏源便卷入了政治改革发展的每一个阶段；比他年轻的同代人冯桂芬，则从19世纪30年代后也这么做了。然而，为了搞清楚他们对于自己的作为是如何看待的，我们就必须摒弃那种关于文人们有着不同于别人的自身利益、因而文人阶层和其他权势势力之间的冲突不可避免的看法。清代中国的文人阶层不是法国革命前的"第三等级"，后者长期受到专横跋扈的贵族阶层的欺压，因而希望按照权利的一般观念和历史的长期发展趋势，来争取掌握自身的历史命运。在魏源和冯桂芬看来，他们所面临的当务之急，是要加强

---

[11] James Polachek, *The Inner Opium War*.

那个孕育了他们的文化并造就了他们的地位的政治体系。然而，他们也知道，如果这个政治体系要生存下去，它就必须使自己适应于前所未有的时代条件的变化。

19世纪40年代后，伴随着外来入侵一再而来的屈辱导致了一种充满政治敌意的新气氛，也为对权势人物发起攻击提供了新的机会。提出责难者所采纳的，是一种被称为"清议"的从道义上与权势人物对抗的风格。"清议"的实行者，属于19世纪70和80年代的激进分子，被称之为"清流"。这一以松散方式结合在一起的群体，对权势人物（尤其是曾同法国交涉议和的李鸿章）的妥协外交痛加抨击，并尖刻地将之讥讽为卖国及以权谋私。

然而，如果同魏源关于文人参与政治的观念相比较，"清议"涉及根本性问题的基础要狭隘的多。"清议"流行的时代，一些具有改革思想的官员们认为，已经有太多的下层人物悄悄钻入了官僚阶层。张佩纶是"清流"的一位中坚人物。一大帮出身下层的暴发户肆无忌惮地追逐官位，这种情况引起了他的警觉：

> 自捐例大起，士农商嚣然有不靖之心，流弊所极，名分混淆，公私骚扰，一国皆贵，殆非治征。[12]

太平天国叛乱具有毁灭性影响。在这之后，官方重建秩序的努力包括了通过缩小官场的入口来净化官僚行政机构的措施——尤其是限制出身行伍和有从商背景的新人通过军功或捐

---

[12] 王先谦:《光绪朝东华录》（上海，1909年版；北京：中华书局1984年重印本），第1473页，张佩纶奏折，1883年；又参见陈勇勤:"晚清清议派思想研究"，载《近代史研究》，1993年第3期，第47页。

官的途径而获得官位。"清议"崛起所处的保守的社会氛围,从"清流"人士全为在职官员的狭隘的社会基础上反映了出来。"清流"一党根本不打算在广大文人中寻求支持,他们所追求的,只是在现存官僚行政机制之内,加强自己的名声和巩固自己的前程。他们更没有从"文人中流"作为一个群体有权力——更不必说广大民众有权力——对高层官员的行为提出批判的原则出发,提出任何有见地的看法。然而,通过把扩大政治参与同国家存亡问题联系起来,"清流"们明显地炒热了当时的政治气氛。

确实,19世纪60年代以后的现实,同以清流派为代表的关于根本性问题的保守思维是背道而驰的。地方上的精英分子(从任何意义上来说,他们并不都属于"文人中流")已经获得了对于诸如"厘金"之类油水丰厚的新的商业税费的控制。无论是在乡下还是在城里,地方社会重建的领导人不仅包括文人中流,也包括下层文人。对于教育、对穷人的救济,以及维护地方治安等地方上面临的迫切任务,常规的官僚行政机构往往推到地方要人显贵的身上,这种情况达到了一个世纪前闻所未闻的地步。在诸如汉口这样的位于长江中游的商业城市,商会在官方的赞同下,正在地方服务管理上发挥着越来越大的作用。

因此,毫不奇怪,二十年后当文人参与政治生活终于成为一条人们所强力鼓吹的原则时,它在实践中已经被一系列形式更为广泛的政治行动所超越了。根本性的转折出现于1895年春,当时,清廷刚刚同日本签订了屈辱的《马关条约》,精英阶层对此做出了愤怒的反应。从表面上看,似乎文人参与政治活动的原则很快便会得到实现了。从建制发展的角度来看,文人的反应采取了由参加会试者经由都察院上书的形式。这些上书者绝非一般意义上的"学生";他们都是来自各省的举人,是全国性精英阶层的成员——也就是魏源心目中有着合法性权利参与全国性政治活动的"文人中流"。来自十六省的数百名精英人物聚集在都察院门口,情绪激愤地上书请命。如果魏源还活着并亲眼看到这种情形的话,他一定会既极为惊讶又大喜过望的。

但是,由康有为起草并经一千二百余名进京赶考的举人联署的"万言书",其实际内容远远超出了魏源当年的想象。大众将通过选举产生代表,"不论已仕未仕,皆得充选"。当选代表将以"议郎"(这个词系"因用汉制"而来)的身份,轮班入值,"随时请对,上驳诏书,下达民词"。康有为认为,由此可以做到:

> 上广皇上之圣聪,可坐一室而知四海;下合天下之心志,可同忧乐而忘公私。皇上举此经义,行此旷典,天下奔走鼓舞,能者竭力,富者纾财,共赞富强,君民同体,情谊交孚,中国一家,休戚与共。以之筹饷,何饷不筹?以之练兵,何兵不练?合四万万人之心以为心,天下莫强焉![13]

上述言论给我们的感觉是,它们已经体现了属于现代民族国家的观念(这是经由日本明治宪法而介绍到中国来的)。这种看法的出现,只有在国家面临着外来征服以及——用19世纪90年代这一帝国主义时代所流行的社会达尔文主义的语言来说——亡国灭种的危难时刻,才是可以想象的。

在这一关于国家的看法中,尤其令人振聋发聩的,是它在

---

[13] 中国史学会编:《中日战争》(上海:上海人民出版社1961年版),第2卷,第153页。关于这一上书的相关研究(包括译文),见 Kang Youwei, *Manifeste á l'empereur adressé par les candidats au doctorat*, translated, annotated, and presented by Roger Darrobers (Paris, You-feng, 1996)。

铲除不平等上的效果。中国人不论地位高低，国家都是他们的共同财产。这种观念，在结构上同那种关于文人们不管是否在官，都有着共同的、因而是平等的文化身份的旧观念，其实有着一脉相承之处。但是，如果两者之间有任何差别的话，那应当是所有人都是国家一员的观念。这具有更为深远的意义。这是因为，这种地位是与生俱来的，而不是政府授予的。在非常实际的意义上，康有为这班人正在走出"文人中流"的圈子，而通过在19世纪90年代建立起来、已成为激进宣传活动中心的各种学会，实现对于广大文化精英人士的动员。他们的直接目标固然是各省参加过乡试的文人，但他们的出版物却接触到了更为广大的读者群；而他们的行动中所隐含的信息是，国家的问题，并不是一个仅仅应该由文人们来考虑的问题。

然而，最具有煽动性的看法，是将外来征服者同国内暴君联系在一起。进入20世纪后，这种意见已经得到了广泛传播。让我们来读一下1903年由一位革命党人和一位君主立宪派人士所写下的几段文字。革命派邹容写道：

> 无数之民贼、独夫、大冠、巨盗，举众人所有而独有之，以为一家一姓之私产，而自尊曰君，曰皇帝，使天下之人无一平等，无一自由，甚至使成吉思汗、觉罗福临等，以游牧贱族，入主我中国，以羞我始祖黄帝于九原。[14]

立宪派梁启超则提出：

> 同族之豪强者居而专也听之，异族之横暴者殄而夺也

---

[14] 邹容：《革命军》。此处引文用的是 John Lust 的英译本：Zou Rong, *The Revolutionary Army* (The Hague: Mouton, 1968), p. 101。

亦听之。如是，则人之所以为人之具，其涂地矣。……我国民仰治于人，数千年矣。[15]

在梁启超看来，"仰治于人"意味着民众受到并非建立在他们的普遍参与基础之上的强权的统治，而不管这种强权是国内的还是外来的。

虽然说，关于文人参政的观念可能在梁启超和其他人的思想里起到过某种过渡性作用，但这种观念显然已经不适于用来对付19世纪90年代后期所出现的急迫情势了。梁启超和他的追随者们可能觉得，这种观念过于倚重于国家权力，也过于具有社会身份上的排他性，因而难以使之一般化，而为广大民众所接受。这种观念既不包括使得社会走向平等的含义，也不包括普遍公民权利的思想。尽管如此，梁启超关于政治参与的看法的基础，并不是个人权利，而是所有公民对于自己的社区自然而然地所应当负起的责任。

到了20世纪初年，关于政治参与的看法在中国是通过一种从实际经验中得出的社区观念而表达出来的。我在前面已经讨论过，在遍布中国的城市和乡镇，太平天国运动后秩序的重建将大批不任官职的精英分子吸引进了公共生活。[16]然而，

---

[15] 梁启超："论自治"，载《饮冰室合集》（上海：中华书局1941年版），《专集》第3卷，第54页。梁启超在这里使用的"国民"一词，系从日语中"国民"（こくみん）一词移用，其中已经传达了西方思想里"民族国家中的公民"的理念。

[16] 这方面的主要研究包括：Mary B. Rankin, *Elite Activism and Political Transformation in China*: *Zhejiang Province*, *1865—1911* (Stanford, Calif.: Stanford University Press, 1986); William T. Rowe, *Hankow*: *Commerce and Society in a Chinese City*, *1796—1889* (Stanford, Calif.: Stanford University Press, 1985); 以及该书的姐妹篇, *Hankow*: *Conflict and Community in a Chinese City*, *1796—1895* (Stanford, Calif.: Stanford University Press, 1989)。

126 清廷自 1901 年以后开始推行的"新政"成为变革的更为强有力的推动力量。在这方面,权利和财富一并增长:在地方上推动现代化的种种机会(新式学校、街灯、警察以及赈济措施,等等),导致了官方体系以外人们的权力扩展和地位提升。清末新政也为地方精英势力提供了一个机会,使他们得以重新提出越过腐败的地方政府而建设社区需求的收入基础的老问题。如果他们有表达机会的话,他们也许会认为这意味着中国地方政治中"零和"游戏的终结:在现代国家发展的背景下,权利的范围也不断扩大,从而为新的团体提供了在扩大的权利范围内展开竞争的条件。

上述问题,已为人们所深入研究,毋庸赘述。在这里,我们要集中讨论的,是它对于现代中国建制议程的涵义。让商人和下层地方精英、新式学校的毕业生、海外归来的留学生进入公共生活,是新社区的标志性特征。政治参与的旧障碍正在瓦解。同样振聋发聩的是这样的看法:自治并非来自于中央集权国家的恩赐,也不能依靠由北京掌控的各种机构。在叛乱时期,旧政权在生死存亡之际曾不得已而支持过来自下层的各种力量;但现在,当中国为建立宪政体制做准备时,这些力量似乎已经完全合法化了。

权力分摊和利益妥协是宪政主义的精髓之所在。宪政主义的建制议程所要面对的,是不可避免的社会冲突,并试图找到解决这种冲突的方法。在旧制度的议程上没有得到解决的问题,肯定会在现代中国的公共生活中表现出来。这些问题包括:更为广泛的政治参与和专制统治之间的关系,政治竞争和社会整体利益之间的关系,以及地方社会和中央集权国家的需

127 要之间的关系。在这些方面,中国的自治倡导者们在面对他们所处时代的现实时是相当差劲的,这实在令人感到震惊。梁启超在他们中间最善辩也最具有影响力,但他认为,在地方自治

所释放的解放力量冲击下，旧的环境和条件会土崩瓦解。他提出，自律的内在意念（这也是自治运动精神上的组成部分）将为每一个公民和团体指明方向，因而，官僚行政机构的外在的强制性措施是完全不需要的。他写到，法律，亦即社会行为的规则，"非由外铄也，非有一人首出，制之以律群生也。盖发于人人心中良知所同然……故不待劝勉，不待逼迫，而能自置于规矩绳墨之间"。在梁启超看来，这种意境内在化的社会自律的意念，是自治运动的真谛之所在。他进一步写道：

> 自治之极者，其身如一机器然。一生所志之事业，若何而预备，若何而创始，若何而实行，皆自定之……一人如是，人人如是，于是乎成为群之自治。群之自治之极者，举其群如一军队然。进则齐进，止则齐止。一群之公律罔不守，一群之公益罔不趋，一群之公责罔不尽。如是之人，如是之群，而不能自强立于世界者，吾未之闻也。

如果有任何人反对这种关于机器和军队的看法，梁启超的答复是，"一群如一军队，其军队之将帅，则群中人人之良心所结成的法律是也"。这不能称之为专制，因为，"其法律者出自众人，非出自一人"。[17]

我们在这里所看到的，简直是一种比"无形之手"更为强大的化腐朽为神奇的力量，因为梁启超甚至连地方上存在着冲突也没有提及。在论及团体时，梁启超用的是"群"这个词，这个古词的用法中，带有合群的含义，对此我们在魏源的写作中已经看到过了。对于19世纪30年代的改革者来说，同20世纪初年的民族主义者一样，这个词意味着既积极从事政治活动

---

[17] 梁启超："论自治"，载《饮冰室合集》，第3卷，第52页。

却又不受到派系党争的污染。很显然,无论是魏源还是梁启超都并非不食人间烟火,他们因而不可能对于政治中所存在的意见及个人利益之间的自然冲突忽略不见。但是,他们两人显然都认识到了,要防备别人以从事派系活动为理由来批判他们。对魏源来说,朝廷长期以来对于派系党争的敌视使得他必须谨慎行事。对于梁启超来说,保持国家统一的急迫性也必定大大加强了"群"这种温和的表达——其中所蕴含的是政治活动中的不偏不倚和团结意识——对他的吸引力。他必须使自己的读者们相信,对于政治活动更为积极地投入并不一定会导致国家内部的不团结。

梁启超这个时期的著作的特点是,他坚信,宪政主义的本质并不在于其工具(选举和议会),而在于其精神。看上去似乎不可避免的冲突,可以通过将自由统治建立在人们自然的社会感情之上(尤其是地方社区的自然的社会感情之上),而得到化解。"西人言政者,谓莫要于国内小国。国内小国者,一省、一府、一州、一县、一乡、一市、一公司、一学校,莫不俨然具有一国之形。"[18]然而,在这些自治的"小国"和更大范围的国家实体之间,并不存在着冲突。国家只不过是这些小国的"扩大的图景",所以,如果自治可以在这些小国实行,那么,有效的自治当然也可以由国家根据它们的经验在全国范围内实行。梁启超的另一个特点,是对于全国性权力的关注。他的指南是世界上最强大的工业帝国。他指出,英国统治了半个世界,这是因为"世界中最富于自治力之民族,未有盎格鲁撒逊人若者也"。[19]

梁启超在他那一代人中,肯定是对西方政治体系最为熟悉

---

[18] 梁启超:"论自治",载《饮冰室合集》,第3卷,第54页。
[19] 同上书,第51页。

的人之一。然而，由他看待西方政治体系的视角所决定，他对于英国政治体系的成果（亦即国家权力）比之其历史起源有更为清晰的了解。梁启超在表达自治思想时所使用的词汇，又造成了他在看法上的进一步的扭曲。作为外来观念的"自治"一词，似乎同中国古代关于"封建"的复杂的观念体系——这是建立在对于人性的不同于西方的观察之上的——有着相似之处。根据这种看法，由国家权力中枢所任命的官僚机构的强制性行为，永远不可能像地方领袖治理社区时那样产生善政良治。梁启超宣布，这个原则同中国的统一和王朝的长治久安是一致的。[20]

这种看法，曾经为旧政权的批判者们视为专制的中央权力。那么，它能否经改造后转而为现代国家服务？现代国家是否真的能够通过地方和国家利益之间这种水到渠成式的整合而建立起来？虽然说，中国20世纪的宪政思想家（包括生于1866年、卒于1925年的孙中山在内）继续受到这种自下而上地建立国家权力的想法的影响，但它很快就被具有革命思想的章炳麟（生于1869年，卒于1936年）浇了一盆冷水。

章炳麟在对于代议制政府的批判中，抨击了"封建王朝"的设想，并发表了同冯桂芬的批评者们于1898年所提出的看法十分相似的意见。他坚定地认为，要建设一个强大的国家，其途径不在于使得地方人士获得权力，而在于对于常规的官僚行政机构实行改革。在当时的环境里，地方自治只会为土地赋税的大量流失打开大门，而这显然同建立一个强大和统一国家的需要是格格不入的。只有在官僚们的腐败受到无情的镇压

---

[20] Min Tu-ki, "The Theory of Political Feudalism in the Ch'ing Period," *National Polity and Local Power: The Transformation of Late Imperial China* (Cambridge, Mass.: Harvard University: Council on East Asian Studies, 1989), pp. 89 – 136.

时，人民才会支持政府。而只有当人民看到他们所纳的税赋是被用来为公众利益服务，而不是被用来中饱私囊时，他们才会心甘情愿地缴纳税赋。[21] 章炳麟指出，英国和日本这两个实行了"自治"的国家在中国受到了人们的称赞，但它们在历史上同封建制度只有一步之遥。相形之下，中国经历封建时代已经是两千年前的事情了，中国社会因而特别适于实行中央集权的官僚行政制度。由于中国社会中固有的平等观念，也由于中国没有世袭的阶层和等级划分，这就使得中央政权有可能实行平等的法治。这种社会平等是中国的一种可贵的财富。而在欧洲和美国，财产和特权凌驾于政治之上，它们就做不到这一点。在中国，如果实行社区自治的话，就只会造成地方精英势力的繁殖，并将他们自己的专横统治强加于各个村庄的头上。中国所应该做的，必须是法律的平等实施和对于官僚行政机构的严格的纪律约束。[22]

在梁启超和章炳麟两人的看法中，是否存在着某种神秘倾向？梁启超关于地方自治自然而然地会导致国家富强和统一的信念，其实行的前提是去除了贪婪和野心的人性。如果由那些有着自我利益考虑的社会精英势力来界定地方社会的利益，国家又能从中得到什么好处呢？在一个达尔文主义横行的世界上，中国所面临的威胁要求其公民至少需要能够做到自律，而这便会使得只为自身利益服务的官僚行政机构没有存在的必要了。自治似乎成了唯一可以同专制权力相抗衡的力量，而在梁

---

[21] 章炳麟："记政闻社员大会破坏状"，《民报》，第 17 号（1907 年 10 月 25 日），第 1 – 7 页。

[22] 章炳麟："代议然否论"，《民报》，第 24 号（1908 年 10 月 10 日），第 1 – 27 页。又参见章炳麟："东京留学生欢迎会演说词"，载汤志钧编：《章太炎政论选集》（北京：中华书局 1977 年版），第 277 – 278 页；Chang Hao, *Chinese Intellectuals in Crisis: The Search for Order and Meaning, 1890—1911* (Berkeley: University of California Press, 1987), pp. 105 – 145。

启超看来，专制权力只会使得中国在政治上处于更加无力的地位，并将中国引向亡国灭种之路。

有鉴于中国 20 世纪的历史经验，章炳麟的看法似乎也同样令人疑惑难解。在缺乏地方社会对于国家机构的制约力量的情况下，希望国家机构能够以公平和自制的态度来对待公民，只能是为专制权力开放通道。但是，在帝制晚期的背景下，章炳麟要求约束官僚行政机构，实行司法公正，并保护普通公民不受所在社区内精英势力的压迫，这些看法是有号召力的。

在大清帝国喧嚣不安的最后十年里，由梁启超和章炳麟所代表的两种声音，为此后的事态发展提供的是具有负面意义的范式。两人的希望，都将被中国 20 世纪的历史发展所击碎。在梁启超关于建立自治的宪政国家的设想中，缺乏在各省或全国范围内掣肘军事专制的机制。而章炳麟关于在司法权力平等和公民平等的同时对官僚行政机构予以密切监督的设想，则又碰上了如何才能将政府置于法律之下的老问题。正如梁启超在谈到清朝的情况时所说，"然国家有宪令，官吏且勿守，无论民氓也"。[23]

年复一年，20 世纪中国政治发展的故事似乎是杂乱无章的，也是具有多重发展方向的。但如果将 20 世纪当作整体来看待，这便成了一个关于中央集权的国家不屈不挠地向前迈进的故事。清王朝垮台后，继任的新统治者立刻采取行动，通过建立新的行政官僚中心来取代 20 世纪初年产生的各种地方"自治"机构。像阎锡山在山西所做的那样，一些省当局尝试着在村庄上建立政府行政机构。国民党是支持孙中山自下而上的自治纲领的，但在 1927 年取得政权后，也着手实行地方社会的官僚行政化，在县以下划分新的行政区域，并剥夺地方社

---

[23] 梁启超："论自治"，第 52 页。

区从道理上来说本来具有的各种自治功能。到头来，孙中山遗产中关于威权性的部分压倒了关于社区本位的部分，在城市，催生"公民社会"的呐喊很快便中断了。在国民党统治下，商会、各种职业公会和民间团体、工会以及学生组织越来越被置于国家的控制之下。而到1949年后的人民共和国时期，它们或者消失了，或者成为由国家管理的工具。

中国共产党的革命纲领，所设想的是建设一个强大的、工业化的国家。回过头来看历史，党总是将关于地方社区和政治参与的讨论同国家的需要连接在一起，便是很自然的了。例如，在抗日战争期间，农村地区的选举被颇具匠心地改造为促进国家控制的手段：乡镇议会的代表，在议会休会时，便从事乡镇政府的行政工作。[24] 正是汉语中"自治"这个词本身所具有的模棱两可的特点，使得这种改造变得容易了。在这里，"自治"既可以表示由地方社区来管理自己的事务，也可以表示代表国家来治理地方社区，从事收税和执法等活动。然而，对地方本位观念的最后一击，来自于土地改革和农业集体化。阶级的标签使得地方社区四分五裂，而生产资料的集体化，又成为国家在农村地区建立有效税收体系的强有力手段。为了通过对于粮食的控制而保证城市的供给，国家摧毁了旧有的农村集市系统，并将商业集镇转变为政府的地方行政中心所在地。我们很难不得出这样的结论：20世纪初期中国知识精英关于扩大政治参与的理论，虽然有着宏大的设计，但在结构上却是相当薄弱的。然而，20世纪中国的历届政府在从事国家建设时，却能够倚靠并受益于旧政权源远流长的行政经验。

---

[24] Chen Yung-fa, *Making Revolution: The Communist Movement in Eastern and Central China, 1937—1945* (Berkeley: University of California Press, 1986), p. 226.

随着毛泽东时代的结束,中国进入了"改革开放"时期,现代的建制议程再次引起了活跃的讨论。这种讨论依然包括着如何确定政治参与的边际、如何界定公共和私人利益之间的恰当的关系、以及如何协调中央政府和地方社会之间的需求这些老问题。在帝制晚期,要解决这些问题就已经够困难的了。它们是否能够在一个拥有十多亿人口、又存在着极大的地区间差异的国家里最终获得解决,是我们所难以预见的。这是因为,这样一个人口众多并如此富有多样性的国家,在人类历史上是没有先例的。

中国作为一个统一国家而进入现代,这被我们视为一个显而易见的事实,结果,其背后的意义反而为我们所忽略了。尽管很多人谈到过"中国的分裂"或中国被列强所"瓜分",然而,由中央政府统治的单一中国国家的现实和概念,却经历了军阀混战、外国侵略和内战而生存了下来。在早期地方自治实验的整个过程中,各省份和都市的许多政治活动家们是用民族救亡的语言来表述自己的行动的。甚至在军阀混战的动乱岁月里,从来没有什么将某一省份分离出去的行动或建立邦联的建议,能够同中国人民关于国家统一的压倒一切的向往相匹敌。[25]由于国家统一的需要,产生了建立中央集权的领导体制的要求,这在中国宪政发展的建制议程上也成为重中之重的需要。

从历史上来看,中国的统一是通过军事力量来实现的,而由征服者所建立的文官政府,其背后也总是有着军事力量的存在。全国性精英阶层在地方上的显赫地位,并非经由世袭的途径,而是通过科举考试或做官积聚财富的途径而获得的,因为需要中央政府对于这种地位的认证。同征服者所强加的意识形

---

[25] Presenjit Duara, "Deconstructing the Chinese Nation," *The Australian Journal of Chinese Affairs*, 30 (July 1993), pp. 1–26.

态保持一致，便是精英们为获得这种认证的好处所付出的代价。虽然并非每个人都会心甘情愿地这么去做，但总会有很多人愿意这么做，从而使整个体制得以维护下去。

到了20世纪的头十年，一般来说，中国所有的政治阵营都会同意，中央政府必须为了国家的富强而发展军事和经济上的力量。尽管人们在政府应由谁来控制的问题上意见并不一致，但没有人会对上述国家建设的目标提出诘难。但这种共识形成及维护的代价，是思想上逆来顺受和政治上令人摆布。对于中国知识分子来说，最令他们失望的，也许是反对政治竞争的旧势力依然是强大的。如果有一种独特的公共利益的话，那么，它也肯定会因为政治集团之间的利益之争而遭致瓦解。旧观念为具有绝对性倾向的政党所吸纳，而对中国知识分子来说，这种严峻的情形是他们并不陌生的。

然而，我们不能因此便设想，今天的中国在国家统一问题上所拥有的基本推动力量同先前的各个时代是相同的。也许，中国在毛泽东去世后对世界市场的开放，至少已经在经济上打开了沿海省份实际上实行自治的大门。[26] 也许，关于政治参与、公共利益和地方社会的老看法，随着时间的推移，会以较少受到中央集权国家影响的方式而重新得到界定。那么，中国现代国家的规划是否能够超越狭隘的基础和僵化的中央集权而获得实现？这是一个只能由时间来回答的问题。现在，许多中国人相信，这是办得到的。如果真是这样的话，那么，可以肯定的是，中国建制议程的界定所根据的将不是我们的条件，而是中国自己的条件。

---

[26] Philip A. Kuhn, "Can China Be Governed From Beijing? Reflections on Reform and Regionalism," in Wang Gungwu and John Wong, eds., *China's Political Economy* (Singapore: Singapore University Press, 1998), pp. 149–166.

致　谢

本书各章是在我于 1994 年 1 月在法兰西学院发表的系列演讲的基础之上写成的。对于好客的法国主人们，我深表谢忱之意。我尤其要感谢在法兰西学院任教中国现代史的魏丕信教授（Pierre-Étienne Will）——由于他，我们在巴黎度过了极为愉快的时光。他不仅慷慨地接待我们，也以无法计数的方式对这本书作出了贡献。除了翻译和编辑我的讲稿之外，他还在很多地方改进了讲稿的内容。这本书的完成同他的努力是分不开的。他为本书法文版所写的长篇导论，[1]虽然没有译成英文收入本书，但我却从中得到了诸多启示，现在的这本书也因此而大为增色。

我还要感谢我的弟弟 David——我在法兰西学院演讲的法文文本就是由他为我准备的。以下各位阅读了本书文稿的全部或部分并提出了宝贵的意见：包弼德（Peter K. Bol）、陈永发、杜赞奇（Prasejit Duara）、欧立德（Mark C. Elliott）、林满红、罗威廉（William T. Rowe）。我也从陈熙远、鞠德源、孔祥吉和

---

[1] Philip A. Kuhn, Les Origines de l'Etat Chinois Moderne. Traduit et presente par Pierre-Etienne Will (Paris: Cahiers des Annales, distributed by Armand Colin, 1999). 本书第一章和第二章的较早版本曾以 "Ideas Behind China's Modern State" 为题，发表于 *Harvard Journal of Asiatic Studies* 55.2 (1995), pp. 295–337。

王湘云等的帮助和指点中受益匪浅。作为责任编辑，斯坦福大学出版社的贝尔女士（Muriel Bell）给予我的支持是巨大的。上述各位都为本书作出了巨大贡献，但对于本书仍然存在的种种缺点他们是没有任何责任的。

孔飞力
2001年1月于美国麻州剑桥

译者后记

做任何一件事情，都离不开来自各方各面的帮助，翻译孔飞力的这本书也是如此。首先，倘若没有孔教授始终不渝的信任和支持，我们大概不会起头做这件事，也恐怕会因为其他事情太多而落个"有始无终"的结果。这些年来，孔教授虽然身体欠佳，但对于我们的问题和要求却总是在第一时间作出答复，并为我们提供了书中档案引文的原文复印件，否则我们要在翻译时还原中文引文是不可能做到的。当年我们决定翻译这本书，是同几位老朋友的鼓励分不开的。曾经担任《叫魂》初版责任编辑的老同学陈达凯，是在这件事上把我们"推下水去"的始作俑者之一，此后也一直关注此事。现任教于北大历史系的王希不仅极力"怂恿"我们着手翻译此书，这些年也不断问起"何时可以完成出版"。刘昶是陈兼翻译《叫魂》的合作者，不仅自始就认为我们翻译《中国现代国家的起源》是值得的，还仔细阅读了译文初稿，提出了许多极为有益的建议。杨奎松和许纪霖也阅读了译稿，并提出了不少问题和相当有见地的修改意见。《开放时代》主编吴铭读到本书的"译者导言"后，立即决定先行在该刊发表；担任该文责任编辑的周慧则对文字做了细致的修改校订。康奈尔大学博士生王元崇两次校读译稿。三联书店的潘振平、舒炜、徐国强等各位对此事极为关切，给予多方帮助；尤其是担任本书责任编辑的曾诚，更是从内容到译文都提出了重要的修订意见。对于所有这一切，我们谨在此深表谢意。当然，译文的不妥乃至不达之处，仍然是要由我们负责的。

译稿完成后，我们发现，原书因系论文集，各章标题较为分散。为了更好地突出全书的核心思想和主要论点以及各章之间的联系，我们根据自己翻译此书时的心得体会，对中译本各章的标题提出了改动的建议，对此孔飞力教授表示理解并欣然同意。因此，现在这个译本的各章标题并非直译，这是需要在此说明的。

陈兼、陈之宏
2012年8月于美国绮色佳（Ithaca）

参考书目

西文部分

Ash, Robert. "The Evolution of Agricultural Policy," *China Quarterly* 116 (Dec. 1988), pp. 529 –555.

Bagehot, Walter. *The English Constitution.* London: Oxford University Press, 1949 [1872].

Bartlett, Beatrice S. *Monarchs and Ministers: The Grand Council in Mid-Ch'ing China, 1723–1820*. Berkeley: University of California Press, 1991.

Bernstein, Thomas P. "Stalinism, Famine, and Chinese Peasants: Grain Procurements during the Great Leap Forward," *Theory and Society* 13: 3 (1984), pp. 339 –377.

Bosher, John Francis. *French Finances 1770–1795: From Business to Bureaucracy.* Cambridge, Eng.: Cambridge University Press, 1970.

Chang, Hao. *Chinese Intellectuals in Crisis: The Search for Order and Meaning, 1890–1911*. Berkeley: University of California Press, 1987.

Chen Yung-fa. *Making Revolution: The Communist Movement in Eastern and Central China, 1937–1945*. Berkeley: University of California Press, 1986.

Chung Chung-li. *The Chinese Gentry: Studies on Their Role in Nineteenth-Century*

Chinese Society. Seattle: University of Washington Press, 1955.

Church, Clive. "The Process of Bureaucratization in France, 1789 −1799," in *Die Französische Revolution-zufälliges oder notwendiges Ereignis*? Munich: Oldenbourg Verlag GmbH. , 1983, vol. I, pp. 121 −137.

Couvreur, Séraphin, S. J. *Cheu King.* 3rd ed. Sien-hien: Imprimerie de la Mission Catholique, 1934.

Crossley, Pamela Kyle. *Orphan Warriors: Three Manchu Generations and the End of the Qing World.* Princeton, N. J. : Princeton University Press, 1990.

Duara, Prasenjit. *Culture, Power, and the State: Rural North China, 1900 − 1942* . Stanford, Calif. : Stanford University Press, 1988.

Duara, Prasenjit. "Deconstructing the Chinese Nation," *The Australian Journal of Chinese Affairs* 30 (July 1993), pp. 1 −26.

Dunstan, Helen. "The 'Autocratic Heritage' and China's Political Future: A View from a Qing Specialist," *Eastern Asian History* 12 (1996), pp. 79 −104.

Elman, Benjamin. *Classicism, Politics, and Kinship: The Ch'ang-chou School of New Text Confucianism in Late Imperial China.* Berkeley: University of California Press, 1990.

Elman, Benjamin. *A Cultural History of Civil Examinations in Late Imperial China.* Berkeley: University of California Press, 2000.

Fei Hsiao-t'ung (Fei Xiaotong). *Peasant Life in China: A Field Study of Country Life in the Yangtze Valley.* New York: E. P. Dutton, 1939.

Fischer, Wolfram, and Peter Lundgreen. "The Recruitment and Training of Administrative and Technical Personnel," in Charles Tilly, ed. , *The Formation of National States in Western Europe.* Princeton, N. J. : Princeton University Press, 1975, pp. 456 −461.

Gibbons, Michael T. "The Public Sphere, Commercial Society, and The Federalist Papers," in Wilson Carey McWilliams and Michael T. Gibbons, eds. , *The Federalists, the Antifederalists, and the American Political Tradition.* Westport, Conn. : Greenwood Press, 1992, pp. 107 −126.

Gunn, J. A. W. "Public Interest," in Terence Ball et al. , eds. , *Political*

Innovation and Conceptual Change. Cambridge, Eng. : Cambridge University Press, 1989, pp. 194 −210.

Hamilton, Alexander, et al. *The Federalist, or The New Constitution: Papers by Alexander Hamilton, James Madison, and John Jay.* New York: Modern Library, 1941.

Hightower, James R. *Han Shih Wai Chuan: Han Ying's Illustrations of the Didactic Application of the Classic of Songs.* Cambridge, Mass. : Harvard University Press, 1952.

Ho, Ping-ti. *Studies on the Population of China.* Cambridge, Mass. : Harvard University Press, 1959.

Jones, Susan Mann. "Huang Liang-chi (1746−1809): The Perception and Articulation of Political Problems in Late Eighteenth-Century China," Ph. D diss. , Stanford University, 1972.

Kang Youwei. *Manifeste à l'Empereur Adressé Par les Candidats au Doctorat.* Trans. And annotated by Roger Darrobers. Paris: You-feng, 1996.

Kuhn, Philip A. "Late Ch'ing Views of the Polity," in *Select Papers from the Center for Far Eastern Studies,* University of Chicago, 4 (1979 − 1980), pp. 1 −18.

Kuhn, Philip A. "Can China be Governed From Beijing? Reflections on Reform and Regionalism," in Wang Gungwu and John Wong, eds. , *China's Political Economy.* Singapore: Singapore University Press, 1988, pp. 149 −166.

Kuhn, Philip A. and John K. Fairbank. *Introduction to Ch'ing Documents: The Rebellion of Chung Jen-chieh.* Cambridge, Mass. : Harvard-Yenching Institute, 1993.

Kuhn, Philip A. *Les Origines de l'État Chinois Moderne.* Traduit et présenté par Pierre-Étienne Will. Paris: Cahiers des Annales, distributed by Armand Colin, 1999.

Kupersmith, Abraham. "Montesquieu and the Ideological Strain in Antifederalist Thought," in Wilson Carey McWilliams and Michael

T. Gibbons, eds., *The Federalists, the Antifederalists, and the American Political Tradition*. Westport, Conn.: Greenwood Press, 1992, pp. 47 -75.

Legge, James, trans. *The Four Books: Confucian Analects, The Great Learning, The Doctrine of the Mean, and The Works of Mencius*. Shanghai: Chinese Book Co., 1933; Reprint New York: Paragon Book Reprint Corp., 1966.

Leonard, Jane Kate. *Wei Yuan and China's Rediscovery of the Maritime World*. Cambridge, Mass.: Council on East Asian Studies, Harvard University, 1984.

Leonard, Jane Kate. *Controlling From Afar: The Daoguang Emperor's Management of the Grand Canal Crisis, 1824 - 1826*. Ann Arbor, Mich.: Center for Chinese Studies, University of Michigan, 1996.

Lin Man-houng. "Two Social Theories Reveals: Statecraft Controversies Over China's Monetary Crisis, 1808 - 1854," in *Late Imperial China* 12.2 (December 1991), pp. 14 -15.

Madison, James. *The Papers of James Madison*. ed. William Hutchinson et al. Chicago: University of Chicago Press, 1962-1991, 17 vols.: vol. II (1977).

Martin, Francois. "Le *Shijing*, de la citation à l'allusion: las disponibilité du sens," in *Extrême-Orient Extrême-Occident* 17 (1995), pp. 11 -39.

Mathias, Peter, and Patrick O'Brien. "Taxation in Britain and France, 1715 - 1810: A Comparison of the Social and Economic Incidence of Taxes Collected for the Central Governments," *Journal of European Economic History*, 5: 3 (1976), pp. 601 -650.

Min, Tu-ki. *National Polity and Local Power: The Transformation of Late Imperial China*. Cambridge, Mass.: Council on East Asian Studies, Harvard University, 1989.

Mote, Frederick W., and Denis Twitchett, eds. *The Cambridge History of China, Vol. 7: The Ming Dynasty, 1368- 1644*, Part I. Cambridge, Eng.: Cambridge University Press, 1988.

Naquin, Susan. *Peking: Temples and City Life, 1400 - 1900*. Berkeley: University of California Press, 2000.

Nivison, David S. "Ho-shen and His Accusers: Ideology and Political Behavior in the 18th Century," in D. S. Nivison and Arthur F. Wright, eds., *Confucianism in Action*. Stanford, Calif.: Stanford University Press, 1959, pp. 209 −243.

Oi, Jean C. *State and Peasant in Contemporary China: The Political Economy of Village Government*. Berkeley: University of California Press, 1989.

Peterson, Paul. "Antifederalist Thought in Contemporary American Politics," in Josephine F. Pacheco, ed., *Antifederalism: The Legacy of George Mason*. Fairfax, Va.: George Mason University Press, 1992, pp. 111 −132.

Polachek, James. "Gentry Hegemony: Soochow in the T'ung-chih Restoration," in Frederic Wakeman and Carolyn Grant, eds., *Conflict and Control in Late Imperial China*. Berkeley: University of California Press, 1975, pp. 211 −256.

Polachek, James. *The Inner Opium War*. Cambridge, Mass.: Council on East Asian Studies, Harvard University, 1992.

Rankin, Mary B. *Elite Activism and Political Transformation in China: Zhejiang Province, 1865−1911*. Stanford, Calif.: Stanford University Press, 1986.

Reed, Bradly W. *Talons and Teeth: County Clerks and Runners in the Qing Dynasty*. Stanford, Calif.: Stanford University Press, 2000.

Rowe, William T. "Hu Lin-i's Reform of the Grain Tribute System in Hupeh, 1855 − 1858," *Ch'ing-shih wen-t'i* 4: 10 (December 1983), pp. 33 −86.

Rowe, William T. *Hankow: Commerce and Society in a Chinese City, 1796 −1889*. Stanford, Calif.: Stanford University Press, 1985.

Rowe, William T. *Hankow: Conflict and Community in a Chinese City, 1796 −1895*. Stanford, Calif.: Stanford University Press, 1989.

Rowe, William T. *Saving the World: Chen Hongmou and Elite Consciousness in Eighteenth-Century China*. Stanford, Calif.: Stanford University Press, 2001.

Sazanami, Tomoko. "Fei Xiaotong's 1957 Critique of Agricultural Collectivization in a Chinese Village," in *Papers on Chinese History*. Cambridge, Mass.:

The Fairbank Center, Harvard University, 2 (1993), pp. 19 –32.

Skinner, G. William, ed. *The City in Late Imperial China.* Stanford, Calif.: Stanford University Press, 1977.

Skinner, G. William. "Cities and the Hierarchy of Local System," in Skinner ed., *The City in Late Imperial China* (Stanford, Calif.: Stanford University Press, 1977), pp. 336 –344.

Stokes, Eric. *The English Utilitarians and India.* Oxford: Clarendon Press, 1959.

Tocqueville, Alexis de. *L'Ancien Régime et la Révolution.* Paris: Gallimard, 1967.

Van Zoeren, Steven Jay. *Poetry and Personality: Reading, Exegesis, and Hermeneutics in Traditional China.* Stanford, Calif.: Stanford University Press, 1991.

Wang, Yeh-chien. *Land Taxation in Imperial China, 1750 – 1911.* Cambridge, Mass.: Harvard University Press, 1973.

Will, Pierre-Étienne. "Entre Passé et Présent," In Philip A. Kuhn, *Les Origines de l'État Chinois Moderne.* Traduit et présenté par Pierre-Étienne Will. Paris: Armand Colin, 1999, pp. 11 –68.

Zelin, Madeleine. *The Magistrate's Tale: Rationalizing Fiscal Reform in Eighteenth-Century Ch'ing China.* Berkeley: University of California Press, 1984.

Zou Rong. *The Revolutionary Army*, trans. John Lust. Paris, The Hague: Mouton, 1968.

中文、日文部分

薄一波：《若干重大决策与事件的回顾》，北京：中共中央党校出版社，1991年

陈鼎：《〈校邠庐抗议〉别论》，北京，中国第一历史档案馆馆藏档案

陈耀南：《魏源研究》，香港：昭明出版社，1979年

陈勇勤："晚清清流派思想研究"，载《近代史研究》，1993年第3期（总第75期），第44 –61页

《大清会典事例》，光绪二十五年（1899）版，台北：中文书局，1963年重印本

丁伟志："《校邠庐抗议》与中国文化近代化"，载《历史研究》，1993年

第5期，第74－91页

冯桂芬：《显志堂集》，光绪二年（1876）校邠庐刻本，台北：学海出版社，1981年重印本

冯桂芬：《校邠庐抗议》，1897年版，台北：学海出版社，1967年重印本

冯佐哲：《和珅评传》，北京：中国青年出版社，1998年

高翔：《康雍乾三帝统治思想研究》，北京：中国人民大学出版社，1995年

顾炎武：《原抄本日知录》，台北：明伦出版社，1970年

郭润涛："长随行政述论"，载《清史研究》，1992年第4期，第29－39页

郭松义："清代的人口增长和人口流迁"，载《清史论丛》，第5辑（1984年），第103－138页

贺长龄：《皇朝经世文编》，道光七年（1827）刻本，上海：宏文阁，1898年重印本

贺广如：《魏默深思想探究——以传统经典的诠说为讨论中心》，台北：国立台湾大学，1999年

洪亮吉："征邪教疏"，载贺长龄编：《皇朝经世文编》，上海：宏文阁1898年版，第89卷，第7页

黄丽镛：《魏源年谱》，长沙：湖南人民出版社，1985年

《皇朝文献通考》乾隆刻本，台北1963年重印本

金观涛、刘青峰："中国共产党为什么放弃新民主主义？"载《二十一世纪》，1992年10月号，第13－25页

栗林宣夫：《里甲制の研究》，東京：文理书院，1971年

《耒阳县志》，光绪十二年（1886）年刻本

李柏荣：《魏源师友记》，长沙：岳麓书社，1983年

李汉武：《魏源传》，长沙：湖南大学出版社，1988年

李侃、龚书铎："戊戌变法时期对《校邠庐抗议》的一次评论——介绍故宫博物院明清档案部所藏《校邠庐抗议》签注本"，载《文物》，1978年第7期，第53－59页

梁启超：《饮冰室合集·专集》，上海：中华书局，1941年

林满红:"自由放任经济思想在十九世纪初叶中国的昂扬",载《中国历史学会史学集刊》第25期(1993年),第121-141页

林新奇:"乾隆训政与和珅擅权",载《清史研究通讯》,1986年第2期,第17-19页

刘翠荣:"清初顺治康熙年间减免税赋的过程",载周康燮主编:《中国近三百年经济史论集》(全两卷),香港:崇文书局,1972年

刘广京:"十九世纪初叶中国知识分子——包世臣与魏源",载《中央研究院国际汉学会议论文集》,台北:中央研究院,1981年,第995-1030页

《录副奏折·农民运动》,北京,中国第一历史档案馆馆藏档案

吕实强:"冯桂芬的政治思想",载《中华文化复兴月刊》第4卷第2期(1971年),第5-12页

《农业集体化中央文件汇编》(全两册),北京:中央党校出版社,1981年

齐思和:"魏源与晚清学风",载《燕京学报》第39期(1950年12月),第177-226页

《钦定四库全书》,台北:台湾商务印书馆,1983年

《清史稿》,北京:中华书局,1977年

水利部黄河水利委员会编:《黄河水利史述要》,北京:水利出版社,1982年

孙文良、张杰、郑川水:《乾隆帝》,长春:吉林文史出版社,1993年

汤志钧:"魏源的变易思想和《诗》《书》古微",载杨慎之、黄丽镛编:《魏源思想研究》,长沙:湖南人民出版社,1987年,第170-190页

王家俭:《魏源年谱》,台北:中研院近代史研究所(精华印书馆承印),1967年

王先谦:《光绪朝东华录》(上海1909年版),北京:中华书局,1984年重印本

魏秀梅:《陶澍在江南》,台北:中研院,1985年

魏源:《魏源集》,北京:中华书局,1976年

薛允升:《读例存疑》,台北:中文研究资料中心,1970年

山本英史:"紳衿による税糧包攬と清朝国家",载《東洋史研究》,第48

卷第4号（1990年3月），第40-69页

山本英史："雍正绅衿抗糧處分考"，载《中国近代史研究》第7卷（1992年7月），第78-115页

《御制朋党论》，雍正二年（1724）年，载《大清世宗宪皇帝圣训》，第19卷

曾国藩：《曾文正公全集》（全三册），台北：世界书局，1965年

章炳麟："东京留学生欢迎会演说词"，载汤志钧编：《章太炎政论选集》，北京：中华书局，1977年，第277-278页

章炳麟："记政闻社员大会破坏状"，载《民报》第17号，1907年10月25日，第1-7页

章炳麟："代议然否论"，载《民报》第24号，1908年10月10日，第1-27页

赵烈文：《能静居日记》，台北：学生书局，1964年

中国史学会编：《中日战争》（全七册），上海：上海人民出版社，1961年，第2卷

朱熹：《朱子语类》，台北：华世出版社，1987年

《朱批奏折·农民运动》，北京，中国第一历史档案馆馆藏档案

索 引

（索引条目以首字拼音为序；索引页码为英文原版页码，即本书边码；索引中注释按章排序，如 Ch1n8 即为第一章注8）

A

艾尔曼（Elman, Benjamin）, 14 – 18, Ch1n8

B

Bosher, John Francis, Ch3n21
霸（Hegemons）, 48 – 52
白莲教叛乱（White Lotus Rebellion）, 7 – 8, Ch1n3
白哲特（Bagehot, Walter）, 17 – 18
包揽（proxy remittance, *baolan*）, 81 – 83, 85 – 86, 95 – 98
包世臣（Bao Shichen）, 20
北京（Beijing）, 18 – 19, Ch2n21, 117 – 119
《北京条约》（Peking Convention）, 54
伯克（Burke, Edmund）, 32
不同观点之间的冲撞（competition between ideas）, 43 – 44, 135

C

财政政策与改革（fiscal policy and reforms）：帝国晚期的财政政策与改革（late imperial）, 95 – 96, 99；中华民国时期的财政政策与改革（Republican era）, 90 – 100；中华人民共和国推行的财政政策与改革（under PRC）, 102 – 108, 133。亦参见"经济"（economy）条
漕运（Grain Transport Administration, *caoyun*）, 56 – 58, 65, 81, 117 – 119
茶叶出口（tea exports）, 4
长江（Yangzi River）, 4, 96
长江流域（Yangzi region）, 46, 56, 117, 122
常州（Changzhou）, Ch1n8
朝代（dynasty），参见"君主政体"（monarchy）条
陈鼎（Chen Ding）, 67 – 70, 72
陈熙远（Ch'en Hsiyuan）, Ch1n6
陈耀南（Chen Yaonan）, Ch1n2, Ch1n10
陈永发（Chen Yungfa）, Ch3n3
城市（cities）：城市粮食供应（grain supplies for）, 105, 117, 119, 133
创收的政治文化（prebendal political

136

culture),94,99

《春秋》(Spring and Autumn Annals, Chunqiu),Ch1n8

祠堂(ancestral halls),84

D

Darrobers, Roger(戴鹤白),Ch4n13

大道(Great Way, principles of wisdom),40

大学士(Grand Councilor),参见"和珅"(Heshen)条

大跃进(Great Leap Forward),108–111

大运河(Grand Canal),117,119

达尔文主义(Darwinism),131

代议制政府(representative government),123,130–132

道光皇帝(Daoguang, emperor),98,Ch4n1

邓小平(Deng Xiaoping),110

登录系统(registration system),参见"税收"(taxation)条

地方政府(local government):地方政府的腐败(corruption),5–8,24,80;地方政府的开支(costs of),87;县衙(counties/county administration),22–24;县志(county gazetteers),77;县里的文化精英(cultural elites in),16–17;冯桂芬关于地方政府治理的建议(Feng Guifen's proposals on),64–67;地方绅董(headmen),69–70,86–87;和珅集团(Heshen machine),20–21;乡官(local officials, xiangguan),导论n25;民国时期的地方政府(Republican era),132;地方自治(self-government),100–101,126–132,135;吏员/胥吏(subcounty assistants, liyuan),65–66;抗税(tax resistance),84;乡村级别的政治控制(village level political control),60

地主(landlords),96,111

定额(quotas):官员任命的定额(appointment of officials),15,28;纳税定额(tax collection),80,87–88,90,94,118

东林党运动(Donglin movement),13–14

董事(headmen),69–70,86–87

杜赞奇(Duara, Prasenjit),Ch3n29,Ch4n25

段拔萃(Duan Bacui),82–83,85

对外贸易(foreign trade),4,6

E

恩师与门生的关系网络(patron-client networks),4,5,11,30,42

F

Fischer, Wolfram,Ch3n21

法国(France),92–95

法家(Legalists, fajia),50–52

法律诉讼(legal appeals),84

放贷(loan business),80,83,88

费孝通（Fei Xiaotong），111

冯桂芬（Feng Guifen），25，55-79，119，130；西方学者对冯桂芬的赏识（admiration by Western scholars），55；冯桂芬与魏源的比较（compared to Wei Yuan），55-56，57，61，65；同代人对冯桂芬的批评（contemporary critics），58-59，66-70，76，78-79；冯桂芬的早年生涯（early life and career），55-57；《校邠庐抗议》（Essays of Protest, Jiaobinlu kangyi），57-71；冯桂芬对漕运税的看法（on grain transport tax），118；冯桂芬受西方思想影响（influence of Western ideas），58；举荐官员的程序（nomination procedures for officials），60-64，68-69；冯桂芬关于中介掮客的提议（proposals on middlemen），64-67，72，91，126

佛教（Buddhism），7，68

腐败（corruption）：帝国的行政部门（imperial administration），33，115；地方政府（local government），5-8，24，80；河务（river management），7；税收体系（tax system），24，80-89

福星公馆（Star of Fortune Collection Office），84

富农（rich peasants），104，112-113

G

Gunn, J. A. W., Ch2n25

根本性议程/建制议程（constitutional agenda）：《诗经》中的相关论述（in *Book of Odes*, *Shijing*），34，36；中央集权的领导体制（centralized leadership），134-135；累积性的特征（cumulative nature），2，54，92；根本性议程/建制议程的难题（dilemmas of），8；中介掮客的影响（impact of middlemen），91；文人的政治参与（literati participation），53，115；地方自治（local self-government），100-101；民族国家（nation-state），123-124；1979年改革以来的根本性议程/建制议程/宪政议程问题（in post-1979 reform era），133-135；代议制政府（representative government），123，130-132；根本性议程/建制议程的改造（transformation of），114-135；魏源对根本性议程的影响（Wei Yuan influence on），31-34

公车上书（petitions, against peace treaty with Japan），122-123

公共利益和私人利益（public vs. private interests）：滥用（权力的 abuses），51，66-68；威权主义（authoritarianism），70-71，78；美国早期历史上公共利益与私人利益（in early U.S.），73-76，Ch2n28；朋党、派系（factions），62，74-75；无形之手（invisible hand），78；文人（literati），63；中间人，中介掮客（middlemen），72；1979年改

革以来的公共利益和私人利益（in post-1979 reform era），133-134

公民德行（civic virtue），76-77

公民权利（citizenship），26，125

龚书铎（Gong Shuduo），Ch2n5

工业化（industrialization），102，105-107，111-112，133

龚自珍（Gong Zizhen），120

共和主义（republicanism），76

顾赛芬（Couvreur, Séraphin），Ch1n19

顾炎武（Gu Yanwu），36，64-65，77，Ch3n24

古文（guwen, ancient text,），Ch1n8

观（critical observation, guan），38

官僚精英（official elite）：巧宦（crafty officials, qiaohuan），71；官僚精英的专尊性质（exclusivity of），14-15，23，24，28；自下而上的荐举（nomination from below），60-64，68-69；官僚精英的功名地位（ranks of），43-44；幕友（staff advisors），20，43。亦参见"文化精英"（cultural elite）、"文人"（literati）条

官僚行政机制（bureaucracy）：能臣（able officials, nengchen），44；中央集权化（centralization），92-93；巧宦（crafty officials, qiaohuan），71；功名定额（degree quotas），15，28；东林党运动（Donglin movement），13-14；冯桂芬的主张（Feng Guifen's proposals），60-69，72；法国的官僚行政机制（in France），92-94；才臣（gifted officials, caichen），44；顾炎武论官僚行政机制（Gu Yanwu on），77；和珅集团（Heshen machine），20；乡官（local officials, xiangguan），导论n24；公共利益与私人利益（public vs. private interests），70，78；改革（reforms），121，130-131；吏员/胥吏（sub-county assistants, liyuan），65-66；辖区（territorial powers），46；关于官僚行政机制的传统观念（traditionalism），23；村级官僚行政机制（village level），109-110；官僚行政机制的弱点（weaknesses of），21-24；章炳麟论官僚行政机制（Zhang Binglin on），130-131。亦参见"腐败"（corruption）、"朋党、派系"（factions）条

官员任命（official appointments）：冯桂芬的建议（Feng Guifen's proposal），64-67，72

光绪皇帝（Guangxu, emperor），58

广州（Guangzhou），4，21

诡寄（false registration），95

国民党（Guomindang），102，109，111，132

H

海运漕粮（sea transport of grain），119

汉口（hankow），22

汉密尔顿（Hamilton, Alexander），Ch2n22

汉人（Han Chinese），7，9

《韩诗外传》（Exoteric Commentary），37

韩婴（Han Ying），37

何炳棣（Ho Ping-ti），Ch3n13

和籴（harmonious purchase, hedi），Ch3n34

和珅（大学士）（Heshen, Grand Councilor），3-8，12-13，20，47，114-115，117

河务（river management），4，7，32，33，49

合作化（cooperativization, hezuohua），Ch3n36

贺长龄（He Changling），45-46

贺广如（He Guangru），Ch1n2

衡州（Hengzhou），85

洪亮吉（Hong Liangji），6，24，114-116

洪灾（floods），4，7，32

湖北省（Hubei province），7，99

胡林翼（Hu Linyi），99

湖南省（Hunan province），80

互助组（mutual-aid teams），103-104

《皇朝经世文编》（Collected Essays on Statecraft），45-46

黄河（Yellow River），4，7，32，58

火耗（meltage surtax），81

货币供应失序（currency disorders），33，117

J

Jones, Susan Mann（曼素恩），Ch4n2

基督教（Christianity），导论n8，68

集体化（collectivization, jitihua），26，102-113，133；大跃进期间的集体化（during Great Leap Forward），108，109；五年计划（five-year plans），107；毛泽东论集体化（Mao Zedong on），106-107；苏联的集体化（in Soviet Union），105

嘉庆皇帝（Jiaqing, emperor），3-4，115

监生（jiansheng, purchased degree holders），导论n22，Ch2n21

谏书（writings of remonstrance, jianshu），36

江苏省（Jiangsu province），Ch1n4，111

蒋介石（Chiang Kai-shek），100

《校邠庐抗议》（Essays of Protest, Jiaobinlu kangyi）（冯桂芬著）（Feng Guifen），57-71；陈鼎的《〈校邠庐抗议〉别论》（Chen Ding's comments on），67-70

杰伊（Jay, John），Ch2n22

金观涛（Jin Guantao），Ch3n37

进士（jinshi, metropolitan degree, metropolitan examination），导论n17

今文（jinwen, modern text），Ch1n8

经济（economy）：19世纪的危机（crises of 19th century），32-33；货币供应失序（currency disorders），33，117；五年计划（five-year plans），107；通货膨胀（inflation），4；社会主义市场经济（market socialism），51；后毛泽东时代（post-Mao era），135；魏源对经济的看法（Wei Yuan's views on），51。亦参见"财政政策与改革"（fiscal policy and reforms）、"鸦片贸易"（opium trade）条

京控（capital appeal, *jingkong*），82

旧体制（Old Regime）：中国的旧体制（China），110－111，126－127，129；法国的旧体制（France），92－94

举人（*juren*, provincial degree），15，导论n17，18－19，122。亦参见"文人"（literati）条

军阀（warlords），101

君主立宪政体（constitutional monarchy），59，100，123

君主政体（monarchy）：中央集权化（centralization），47；君主立宪制（constitutional form），59，100；封建（feudal monarchy, *fengjian*），129，130；王道（Kingly Way, *wangdao*），48－50，52；君主政体的领导能力（leadership from），64，115；君主政体的合法性（legitimacy of），40－41；君主与文人的关系（monarch-literati relationship），导论n8，39－40；君主对朋党的看法（views on factions），12，32，47，Ch4n1

《郡县论》（"On the System of Bureaucratic Government," *Junxian lun*）（顾炎武著）（Gu Yanwu），77

K

康熙皇帝（Kangxi, emperor），3，96

康有为（Kang Youwei），123－124

考试制度（examination system），参见"科举制度"（civil-service examination system）条

科举制度（civil-service examination system），11，14－19，Ch1n8，60，69；抵制考试（boycott of），82；科举考试内容（content of），17；功名定额（degree quotas），15，28；东林党运动（Donglin movement），13－14；会试（metropolitan examination），18－19；恩师与门生的网络（patron-client networks），11；举人（provincial degrees），18－19；魏源对科举的看法（Wei Yuan's views on），45

苛捐杂税（surtaxes and fees），4－5，23－24，81，83，87，101，117－118。亦参见"税收"（taxation）条

孔多塞（Condorcet, Marquis de），31

孔祥吉（Kong Xiangji），Ch2n19，n20

孔子/儒教（Confucius/Confucianism），9，34－35，44，49－50，52；《论语》（*Analects*），39；孔子对结党的看法（on factions），10；孔子对《诗经》的看法（on *Odes*），38－39

L

Leonard, Jane Kate（李欧娜），Ch1n2

Lundgreen, Peter, Ch3n21

耒阳暴乱（Leiyang Revolt），80-86，Ch3n15，90-91，98，118

厘金（commercial tax, *likin*），122

李汉武（Li Hanwu），Ch1n9

李鸿章（Li Hongzhang），63，120

里甲（明代税收体系）（*lijia*, Ming dynasty tax system），86-87

李侃（Li Kan），Ch2n5

里书/里差（tax agents, *lishu/lichai*），81

吏部（Board of Civil Appointment），60

栗林宣夫（Kuribayashi Nobuo），Ch3n15

吏员/胥吏（subcounty assistants, *liyuan*），65-66

《联邦党人文集》（"普布里乌斯"）（*Federalist, The* "Publius"），Ch2n22，n23，73-78

梁启超（Liang Qichao），27，39，124-131

梁人望（Liang Renwang），83

粮食（grain）：粮食征购（compulsory purchase *zhenggou*），105-106；和（harmonious purchase, *hedi*）ch3n34；大跃进中的粮食收购（procurement during Great Leap Forward），108-110；余粮（Surplus），101-106、113，133；漕运系统（transport system），20-21，31，51，117-119；漕运税（tribute tax），32，46，81，91，118；粮食统购（unified purchase *tonggou*），105-106

良心（social conscience，*liangxin*），127

林满红（Lin Man-houng），Ch3n8

林则徐（Lin Zexu），44，46，58

刘广京（Liu Guangjing, Kwang-ching Liu），Ch1n2，Ch2n3

刘青峰（Liu Qingfeng），Ch3n37

刘少奇（Liu Shaoqi），109

陆宝千（Lu Baoqian），Ch1n6

陆费琠（Lufei Quan），Ch3n2，87-90

吕实强（Lu Shiqiang），Ch2n5

骆秉章（Luo Bingzhang），Ch3n27

M

Mathias, Peter, Ch3n21

马德拉斯体系（Madras system），89-90

马克思主义/列宁主义（Marxism/Leninism），112

马林科夫（Malenkov, Georgi），105

麦迪逊（Madison, James），74-75，Ch2n23

满族/满人习性（Manchu/"Manchuness"），9，21，95-96，111

毛泽东（Mao Zedong），102，105-107，111-113

毛注《诗经》(Mao commentary, *Odes*)，34

美国（United States），73-76，Ch2n28

美国国会（American Congress），63

孟德斯鸠（Montesquieu, Baron de la），Ch2n28

孟子（Mencius），49，69，118

苗民（Miao aborigines），7，Ch1n3

民欠(taxpayer deficits, *minqian*), 96
民族主义(nationalism), 26, 47, 52, 61, 116-118, 129
闵斗基(Min Tu-ki), 导论n10
明朝(Ming dynasty), 10, 19, 86-87, 89, Ch3n24
明治宪法(Meiji Constitution), 123
《默觚》(*Treatise on Scholarship and Government, Mogu*)(魏源著)(Wei Yuan), 33-34
莫卧尔王朝(Mughal Empire), 86-87
幕友(private secretaries, *muyou*), 20, 43

N

纳税土地的清册(cadastres of taxable land), 86, 88, 89
农民(farmers), 6-7, 49; 新中农(new middle peasants), 104; 农民的贫困(poverty of), 80-81; 对税收体系的抵制(resentment of tax system), 56-57。亦参见"农业"(agriculture)条
农业(agriculture), 26, 49, 95, 111; 过度开垦(overcultivation), 7, 32; 苏联的农业(in Soviet Union), 105; 剩余产品生产(surplus production), 101, 102, 104, 106, 113, 133; 大跃进期间的农业(during Great Leap Forward), 108-110。亦参见"粮食"(grain)条
《农业六十条》(1962年)(Sixty Articles, 1962), 110

O

O'Brien, Patrick, Ch3n21

P

Polachek, James, Ch1n30
朋党、派系(factions): 《诗经》中的"党"(in *Books of Odes, Shijing*), 39; 科举制度(civil-service examination system), 11; 对朋党的不信任(distrust of), 10-12, 68-69, 71, 76, 116-117, 128; 美国早期历史上的党派(in early U.S.), 74-75; 派系斗争(factional strife), 13, 63-64; 结党(forming of, dang), 39; 君主对朋党的看法(monarchs' views on), 5, 12, 32, 47, 71, Ch4n1; 公共利益和私人利益(public vs. private interests), 62, 74-75
朴趾源(Pak Chi-won), 导论n10
平等(equality), 61, 116, 124, 130-132

Q

启蒙政治家(enlightened statesmen), 75
迁徙(migration), 6-7
乾隆皇帝(Qianlong, emperor), 3-8, 12, 32
巧宦(*qiaohuan*, crafty officials), 71
清朝(Qing dynasty), Ch3n13, 95, 99, 125-126

清议运动（principled criticism, *qingyi*），52, 120-122

丘奇（Church, Clive），Ch3n22

屈原（Qu Yuan），37, Ch1n15

区（ward, *qu*），110

权力（power）：权力的滥用（abuse of），9-14；权力的扩散（diffusion of），47；魏源对权力的看法（Wei Yuan's view on），51-52

群（sociability, *qun*），38, 39, 128

R

Rankin, Mary B.（兰金），Ch4n16

Rowe, William T.（罗威廉），导论n25, Ch3n27, Ch4n16

《热河日记》（*Jehol Diary*），导论n10

人口增长（population increase），6, 22, 32, 47, 56, 87, 89

人民公社（People's Communes），92, 109-110

日本（Japan），122, 130, 133

S

山本英史（Yamamoto Eishi），Ch3n26

山西省（Shanxi province），104-105, 112, 132

陕西省（Shaanxi province），7

善行（good works, *shanxing*），77

商会（merchant guilds），122

商业化（commercialization）：政府的商业化（of government），56, 80, 92, Ch3n24, 97-99；税收的商业化（of taxation），80, 83, 88, 98

上海（Shanghai），55

社会工程（social engineering），112

社会主义（socialism），111

社会主义市场经济（market socialism），51

社区（community）：对社区所负的责任（responsibilities toward），77, 125

绅董（gentry managers），72

生产大队（production brigades），109

生员（licentiates, *shengyuan*），15, 导论n17, 41, 43, 66, 72；生员包揽（proxy remittance〔*baolan*〕by），81-82, 85-86, 95-98。亦参见"文人"（literati）条

"盛世"（"prosperous age"），3, 4

《圣武记》（*Shengwu ji*）（魏源著）（Wei Yuan），Ch1n3

《诗古微》（*Shiguwei*）（魏源著）（Wei Yuan），34

施坚雅（Skinner, G. William），16

《诗经》（*Book of Odes, The Shijing*），34-42, 44, 118；"皇皇者华"（"Brilliant Are the Flowers"），40；孔子对《诗经》的看法（Confucius on），38-39；《诗经》的根本性意义（constitutional significance of），36；"鹿鸣"（"Deer Call"），39-40, Ch3n24；《诗经》与考据派研究（and empirical research school），36；《诗经》的政治动员功能（as mobilization tool），39；今文《诗经》与古

文《诗经》(modern/ancient text versions), 35-36, 37, 44, 45; 其他作者对《诗经》的利用 (other authors' use of), 36-37; 通过《诗经》进行政治上的交流 (as political communication), 39-40; 《诗经》的意义 (significance of), 36-40, 44

诗社 (poetry circles), 14

受过教育者 (literacy), 28

税收 (taxation): 征税 (collection), 22-24, 56-57, 65, 86-87, 105; 厘金 (commercial tax, likin), 122; 商业化 (commercialization), 80, 83, 88, 98; 腐败 (corruption), 5-6, 24, 80-81; 诡寄 (false registration, guiji), 95; 苛捐杂税 (fees and surtaxes), 5, 23-24, 81, 83, 87, 101; 确定税款征收者的责任 (fixing responsibility), 87-89, 101-102, 108; 法国的税收体系 (in France), 92-95; 漕运税 (grain-tribute tax), 32, 46, 81, 91, 118; 税赋豁免权 (immunity from), 97; 帝国税收体系 (imperial systems), 4, 86-87, 89, 95, 99, 125-126; 地税 (land tax), 73, 81, 87-89, 95, 99, 125-126; 马德拉斯体系 (Madras system), 89-90; 火耗 (meltage surtax), 81; 1900年之后的改革 (post-1900 reforms), 100-102; 包揽 (proxy remittance, baolan), 81-83, 85-86, 95-98; 税收定额 (quotas), 80, 90, 94, 118; 税收登记系统 (registration system), 85, 86-90, 99; 中介掮客的作用 (role of middlemen), 56, 73, 81-82; 对农业的税收 (tax farming), 56; 垫付税款 (tax fronting), Ch3n3; 抗税 (tax resistance), 24, Ch3n3, 84, 96-97; 中华人民共和国的税收体系 (under PRC), 102-108, 133; 顺庄 (village-based, shunzhuang), 88-89

顺天府 (Shuntian prefecture), 导论n22

丝绸工业 (silk industry), 111-112

四川省 (Sichuan province), 7

祀会 (shrine-worshipping associations), 14

苏联 (Soviet Union), 105

苏州 (Suzhou), 56

孙中山 (Sun Yatsen), 130, 132

T

太平天国叛乱 (Taiping Rebellion), 导论n8, 导论n22, 55, 57, 67, 98-99, 118, 121, 125

太上皇 (Grand Emperor), 参见"乾隆"(Qianlong) 条

摊款 (apportioned funds), 101

汤志钧 (Tang Zhijun), Ch1n9

陶澍 (Tao Shu), 46

《天津条约》(1858年)(Treaty of

索　引　　145

Tientsin, 1858），54

天理教（八卦教）叛乱（Eight Trigrams Rebellion），Ch1n3

通货膨胀（inflation），4

铜钱（copper cash），81

统购（unified purchase, *tonggou*），105 – 106, 107

投票（paper ballots），65

投票（votes）：计票（counting of），61

土地（land）：私人土地所有制（private ownership），105

土地改革（land reform），103, 133

土地税（land tax），73, 81, 87 – 89, 95, 99, 125 – 126

屠仁守（Tu Renshou），Ch3n28

团练（militia corps），72, 98

托克维尔（Tocqueville, Alexis de），92 – 94

V

Van Zoeren, Steven Jay（范佐伦），Ch1n10

W

外来征服（foreign conquest），124 – 125

万历（Wanli, emperor），Ch3n24

万言书（ten-thousand word letter），123

王道（True King; Kingly Way, *wangdao*），48 – 50, 52

王夫之（Wang Fuzhi），36

王业键（Wang Yeh-chien），Ch3n10

威权主义（authoritarianism），32, 66, 130, 132；威权主义的演进（evaluation of），50；对威权主义的需求（need for），47, 51；威权主义对公共利益的保护（protecting public interest），70 – 71, 78

韦伯（Weber, Max），94

韦利（Waley, Arthur），Ch1n19

魏源（Wei Yuan），19, 20, 25, 27 – 53, 61, 72, 119；对西方学者的吸引力（appeal to Western scholars），31；对治国之道的倡导（as champion of statecraft），116；《皇朝经世文编》（*Collected Essays on Statecraft*），45 – 46；与冯桂芬的比较（compared to Feng Guifen），55, 57, 65；作为有着根本性关怀的思想家（as constitutional thinker），31 – 32, 116；魏源的早年生涯（early life and career），29 – 31, Ch1n15, 43；魏源对《诗经》的目的的解读（purpose of *Odes*），37 – 38, 39, 44；《默觚》（*Treatise on Scholarship and Government, Mogu*），33 – 34

魏源对下列问题的看法（Wei Yuan's views on）：中央集权制政府（centralized government），45, 47；平民（commoners），41；政务（government），48 – 52；漕运税（grain transport surtaxes），117 – 118；法家传统（legalist tradition），50 – 52；文人参与全国性政治（literati participation in national politics），116－118，120，121，123－125；中介掮客（middlemen），91；权力（power），51－52；士（scholars, *shi*），41－48，116－118；群（sociability, *qun*），38，39，128

文化精英（cultural elite）：文化精英的平等地位（equal status），61，116，124；"下士"（"lowly scholar", *xiashi*），43；国家利益和各省的利益（national vs. provincial interests），55－56；政治能量（political energies），14－21，46，48；文化精英与具有改革思想的官员（and reformist officials），19－20；学会（study societies, *xuehui*），124；魏源对文化精英的看法（Wei Yuan's views on），45－46。亦参见"生员"（licentiates）、"文人"（literati）、"官僚精英"（official elites）条

文人（literati）：文人的冷漠（apathy of），33，48，115；仕途闭塞（career blockage），15－16，28，30－31；进士（doctorate holders, *jinshi*），97；东林党运动（Donglin movement），13－14；冯桂芬对文人的看法（Feng Guifen's views on），57；合法性（legitimacy），134；动员（mobilization），19，39，46，48，53，116－118，120－123，128；君主与文人的关系（monarch-literati relationship），导论n8，39－40；文人与全国性政治（and national politics），28，32，47－48，53，57，60－61，72，115－125；准政治性精英人物（parapolitical elite），16－17；政治欲望（political vocation），14，28，32－33，46－48，51，53，72；公共利益与私人利益（public vs. private interests），63；监生（purchased degree holders, *jiansheng*），导论n22，Ch2n21；文人的功名地位（ranks of），43－44；文人们对和珅事件的反应（reaction to Heshen），114－115；文人们在文化上的平等地位（shared cultural equality），61，116，124；税赋豁免权（tax immunity），97；文化熏陶（training），9，14－18，39；魏源对文人的看法（Wei Yuan's views on），41－43，48，57，72，116－118，120－125。亦参见"文化精英"（cultural elite）、"文人中流"（established literati）、"官僚精英"（official elite）条

文人中流（established literati），43，46；文人中流的政治欲望（political vocation of），48，51，53，60，116，123－125，128

文字狱（literary cases），9－10

无形之手（invisible hand），78，128

五霸（Five Hegemons），48－52

五年计划（five-year plans），107

戊戌变法（Reform Movement, 1898），25，58

X

咸丰皇帝（Xianfeng, emperor），Ch4n1

县（*xian*, county-scale units），23

县官（magistrates），6，22，导论 n25；对县官的抵制（resentment toward），57，67；县官负责税收（tax collection），81，90；县官对监生的看法（views on *jiansheng*），Ch2n21

县/县级行政部门（counties/county administration），参见"地方政府"（local government）条

宪政主义（constitutionalism），126-132

乡村（villages）：摊款（apportioned funds，*tankuan*），101；乡村互相连接的特征（bounded nature of），108；集体化（collectivization），109-110；中华民国时期的乡村治理（Republican era government），132；税收登录系统（tax registration systems），88-89。亦参见"地方政府"（local government）条

乡村治理（rural government），64-67

乡官（*xiangguan*, local officials），导论 n25

乡级行政（township [*xiang*] administration），101，109-110，133

新政（new policies, *xinzheng*），125-126

新中农（new middle peasants），103

兴（moral awareness, *xing*），38

胥吏/吏员（clerks/runners），22-24，80-89，91，97-98

选举（elections），66，123，128，133

学会（study societies, *xuehui*），124

荀子（Xunzi），37，Ch1n15

Y

鸦片贸易（opium trade），4，24，32，33，46，119-120

鸦片战争（Opium War），3，21，32，44，52，Ch4n1，119

盐政（salt monopoly/salt gabelle），20-21，31-32，46，51，58

阳大鹏（Yang Dapeng），82-85，98，100

义和团叛乱（Boxer Rebellion），68，113

议会（assemblies），128

银子/银两短缺（silver/silver shortages），24，33，81，Ch3n24；银两短缺与鸦片贸易（and opium trade），33

印度（India），89-90

英国（Britain），129，130；鸦片战争（Opium War），3，21，32，44，52，119；Ch4n1，英中贸易（trade with China），4

英雄式的领导作用（heroic leadership），44

雍正皇帝（Yongzheng, emperor），11-12，33，Ch3n15，96-98

裕泰（Yutai）（总督）（governor-general），86 怨（expression of just grievances, *yuan*），38

Z

Zelin, Madeline（曾小萍），Ch3n23

杂费（fees），见"苛损杂税"（surtaxes and fees）条

债务奴隶（debt peonage），90

曾国藩（Zeng Guofan），45，Ch2n3，114

章炳麟（Zhang Binglin），130-132

张佩纶（Zhang Peilun），121

政策（policy）：政治的边界（boundaries of polity），27-29，48，60；建言与定言的对立（opinion vs. dictation），40-41；魏源对中央集权国家的看法（Wei Yuan's views on central state），45。亦参见"根本性问议程"/"建制议程"（constitutional agenda）、"财政政策与改革"（fiscal policy and reforms）、"政府"（government）条

政府（government）：政治生活的边界（boundaries of polity），27-29，48，60；中央集权化（centralization），45，47，130，134-135；政府的商业化（commercialization），56，80，92，Ch3n24，97，98，99；政府的节俭（frugality），23，24，32；政府的现代化（modernization），126；代议制政府（representational form），123，130-132；自治（self-government），100-101，126-132；自强运动（self-strengthening〔ziqiang〕 movement），52，55；魏源对政府的看法（Wei Yuan's views on），48-52；西方科技（Western technologies），52-53，66，100

政治参与（participation）：根本性议程/建制议程中的政治参与问题（in constitutional agenda），53，115；冯桂芬关于政治参与的建议（Feng Guifen's proposals on），60-69，72；全国性政治中的参与问题（in national politics），28，32，47-48，53，57，60-61，72，115-125；1900年之后对政治参与问题的看法（post-1900 views on），125-132；1979年改革以来的政治参与问题（in post-1979 reform era），133-135；中华人民共和国的政治参与问题（under PRC），132-135；魏源对政治参与问题的看法（Wei Yuan's views on），116-118，120，121，123-125

纸币（paper currency），51

治国之道（statecraft）：1900年之后的改革（post-1900 reforms），100-113；治国之道和国家建设（and state-building），1，3；魏源的经世致用之论（Wei Yuan on），45-46，116。亦参见"集体化"（collectivization，jitihua）、"根本性议程"/"建制议程"（constitutional agenda）、"政府"（government）条

中国共产党（Chinese Communist Party, CCP), 26; 中共和农产品剩余 (and agricultural surplus), 113, 133; 集体化 (collectivization), 26, 105–107; 大跃进 (Great Leap Forward), 108–110; 中共对互助组的政策 (on mutual-aid teams), 104; 中共对中介掮客的看法 (view of middlemen), 102–103

中华民国时期 (Republican era), 90–102, 132

中华人民共和国 (China, People's Republic of, PRC), 102–108, 132–135

中介掮客/中间人 (middlemen): 共产党人对中介掮客的看法 (communist view of), 102; 冯桂芬关于中介掮客的建议 (Feng Guifen's proposals on), 64–67, 69–70, 72; 地主 (landlords), 96; 地方绅董 (local headmen), 69–70, 86–87; 包揽 (proxy remittance, baolan), 81–83, 85, 95–98; 公共利益与私人利益 (public vs. private interests), 72; 中介掮客的兴起 (rise of), 56; 吏员/胥吏 (subcounty assistants), 65–66; 征税 (tax collection), 26, 73, 91, 118

种族冲突 (ethnic conflicts), 7, 10

州 (zhou, county-scale units), 23

周朝 (Zhou Dynasty), 40

周公 (Zhou, Duke of), 35, 41

朱熹 (Zhu Xi), Ch1n20

专制 (despotism), 115, 131, 132

庄存与 (Zhuang Cunyu), 36

准政治性的精英 (parapolitical elite), 16–17

自给自足 (self-sufficiency), 111–112

自强运动 (self-strengthening, ziqiang), 52, 55

自下而上的荐举制 (nomination from below): 冯桂芬的建议 (Feng Guifen's proposals), 60–64, 68–69; 李鸿章的评论 (Li Hongzhang's comments on), 63

自治 (self-government, zizhi), 100–101, 126–132; "自治"一词的模棱两可性 (ambiguity of), 133; 自治机构 (self-government bodies), 132; 中华人民共和国的自治政策 (under PRC), 132–135

宗庙 (temple associations), 77

宗族 (kinship), 11

邹容 (Zou Rong), 124